职业教育改革创新示范教材

Qiche Fadongji Jixie Weixiu
汽车发动机机械维修

（第二版）

王锦帮　欧阳可良　主　　编
陈凡主　吕学前　丁偺瑾　副 主 编
　　　　朱　军　丛书总主审

人民交通出版社股份有限公司
China Communications Press Co.,Ltd.

内 容 提 要

本书是职业教育改革创新示范教材之一,其主要内容包括:发动机传动带的检查和更换、发动机正时带与正时链的检查和更换、发动机动力不足的检修、冷却液的检查和更换、冷却液温度表指示发动机过热的检修、机油及机油滤清器的检查和更换、机油压力警告灯点亮的检修、空气滤清器的清洁和更换、燃油滤清器的更换等。

本书可作为职业院校汽车运用与维修专业的教材,也可供汽车维修及相关技术人员参考阅读。

图书在版编目(CIP)数据

汽车发动机机械维修 / 王锦帮,欧阳可良主编. —2版. 北京:人民交通出版社股份有限公司,2016.5
ISBN 978-7-114-12894-3

Ⅰ. ①汽… Ⅱ. ①王… ②欧阳… Ⅲ. ①汽车—发动机—车辆修理—职业教育—教材 Ⅳ. ①U472.43

中国版本图书馆 CIP 数据核字(2016)第 056701 号

职业教育改革创新示范教材

书　　名:	汽车发动机机械维修(第二版)
著 作 者:	王锦帮　欧阳可良
责任编辑:	翁志新
出版发行:	人民交通出版社股份有限公司
地　　址:	(100011)北京市朝阳区安定门外外馆斜街 3 号
网　　址:	http://www.ccpress.com.cn
销售电话:	(010)59757973
总 经 销:	人民交通出版社股份有限公司发行部
经　　销:	各地新华书店
印　　刷:	北京市密东印刷有限公司
开　　本:	787×1092　1/16
印　　张:	14
字　　数:	323 千
版　　次:	2012 年 5 月　第 1 版 2016 年 5 月　第 2 版
印　　次:	2016 年 5 月　第 2 版　第 1 次印刷　总第 4 次印刷
书　　号:	ISBN 978-7-114-12894-3
定　　价:	32.00 元

(有印刷、装订质量问题的图书由本公司负责调换)

职业教育改革创新示范教材编委会

（排名不分先后）

主　　任：刘建平（广州市交通运输职业学校）
　　　　　杨丽萍（深圳市第二职业技术学校）
副 主 任：黄关山（珠海城市职业技术学院）　　周志伟（深圳市宝安职业技术学校）
　　　　　邱今胜（深圳信息职业技术学院）　　朱小东（中山市沙溪理工学校）
　　　　　侯文胜（佛山市顺德区中等专业学校）韩彦明（佛山市华材职业技术学校）
　　　　　庞柳军（广州市交通运输职业学校）　程和勋（中山市中等专业学校）
　　　　　冯　津（广州合赢教学设备有限公司）邱先贵（广东文舟图书发行有限公司）
委　　员：谢伟钢、孟婕、曾艳（深圳市龙岗职业技术学校）
　　　　　李博成（深圳市宝安职业技术学校）
　　　　　罗雷鸣、陈根元、马征（惠州工业科技学校）
　　　　　邱勇胜、何向东（清远市职业技术学校）
　　　　　刘武英、陈德磊、阮威雄、江珠（阳江市第一职业技术学校）
　　　　　苏小举（珠海市理工职业技术学校）
　　　　　陈凡主（中山市沙溪理工学校）
　　　　　刘小兵（广东省轻工高级职业技术学校）
　　　　　许志丹、谭智男、陈东海、任丽（佛山市华材职业技术学校）
　　　　　孙永江、李爱民（珠海市斗门区第三中等职业学校）
　　　　　欧阳可良、马涛（佛山市顺德区中等专业学校）
　　　　　周德新、张水珍（河源理工学校）
　　　　　谢立梁（广州市番禺工贸职业技术学校）
　　　　　范海飞、闫勇（广东省普宁职业技术学校）
　　　　　温巧玉（广州市白云行知职业技术学校）
　　　　　李维东、冯永亮、巫益平（佛山市顺德区郑敬诒职业技术学校）
　　　　　王远明、郑新强（东莞理工学校）
　　　　　程树青（惠州商业学校）
　　　　　高灵聪（广州市信息工程职业学校）
　　　　　黄宇林、邓津海（广东省理工职业技术学校）
　　　　　张江生（湛江机电学校）
　　　　　任家扬（中山市中等专业学校）
　　　　　邹胜聪（深圳市第二职业技术学校）
丛书总主审：朱　军

第二版前言 PREFACE TO THE SECOND EDITION

"十二五"期间,人民交通出版社以职教专家、行业专家、学校教师、出版社编辑"四结合"的模式开发出了"职业教育改革创新示范教材",受到广大职业院校师生的欢迎。

随着职业教育教学改革的不断深入,学校对课程、教材的内容与形式提出了更高的要求。《教育部关于深化职业教育教学改革全面提高人才培养质量的若干意见》(教职成〔2015〕6号)中提出:对接最新职业标准、行业标准和岗位规范,紧贴岗位实际工作过程,调整课程结构,更新课程内容,深化多种模式的课程改革。要普及推广项目教学、案例教学、情景教学、工作过程导向教学,广泛运用启发式、探究式、讨论式、参与式教学,充分激发学生的学习兴趣和积极性。根据文件精神,人民交通出版社组织专家和编者,对已出版的"职业教育改革创新示范教材"进行了全面修订,对个别不能完全适应学校教学的教材进行了重新整合,并增加了几种学校急需教材,更新了教材内容,并对教材中的错漏进行了修改。

《汽车发动机机械维修》是其中一本,此次修订,纠正了第一版中的错误之处;删除了陈旧的知识点,增加了科鲁兹车型(中职大赛用车)的部分内容;更新了相关技术标准和法规。配套的电子课件也进行了修订。

本书由清新县职业技术学校王锦帮、佛山市顺德区中等专业学校欧阳可良主编,陈凡主、吕学前、丁倡瑾担任副主编,参加编写的还有张立新、杨艳芬、康爱琴、于林发、张凤云、王思霞、曹伟、陆炳仁、尚左飞。

职业教育改革创新示范教材编委会
2016年1月

第一版前言 PREFACE

《国家中长期教育改革和发展规划纲要(2010—2020年)》中提出:大力发展职业教育,把职业教育纳入经济社会发展和产业发展规划,把提高质量作为重点;以服务为宗旨,以就业为导向,推进教育教学改革。实行工学结合、校企合作、顶岗实习的人才培养模式;满足人民群众接受职业教育的需求,满足经济社会对高素质劳动者和技能型人才的需要。

职业教育的发展已作为国家当前教育发展的战略重点之一,但目前学校所使用的教材普遍存在以下几个方面的问题:

(1)学生反映难理解,教师反映不好教;

(2)企业反映脱离实际,与他们的需求距离很大;

(3)不适应新一轮教学改革的需要,汽车车身修复、汽车商务、汽车美容与装潢等专业教材急缺;

(4)立体化程度不够,教学资源质量不高,教学方式相对落后。

针对以上问题,结合人民交通出版社汽车类专业教材的出版优势,我们开发了《职业教育改革创新示范教材》。本套教材以"积极探索教学改革思路,充分考虑区域性特点,提升学生职业素质"的指导思想,采用职教专家、行业一线专家、学校教师、出版社编辑"四结合"的编写模式。教材内容的特点是:准确体现职业教育特点(以工作岗位所需的知识和技能为出发点);理论内容"必需、够用";实训内容贴合工作一线实际;选图讲究,易懂易学。

该套教材将先进的教学内容、教学方法与教学手段有效地结合起来,形成课本、课件(部分课程配)和习题集(部分课程配)三位一体的立体教学模式。

本书由清新县职业技术学校王锦帮、佛山市顺德区中等专业学校欧阳可良担任主编,由中山市沙溪理工学校陈凡主、广东省高级技工学校刘及时、惠州商业学校程树青担任副主编,参加编写的还有李培军、李昱献、樊雅双、于林发、张凤云、康爱琴、王思霞、曹伟、陆炳仁。

  限于编者的经历和水平,书中难免有不妥或错误之处,敬请广大读者批评指正,提出修改意见和建议,以便再版修订时改正。

职业教育改革创新示范教材编委会

2012 年 1 月

目录 CONTENTS

学习任务一　发动机传动带的检查和更换　/　1

学习任务二　发动机正时带与正时链的检查和更换　/　15

学习任务三　发动机动力不足的检修(一)　/　46

学习任务四　发动机动力不足的检修(二)　/　96

学习任务五　冷却液的检查和更换　/　128

学习任务六　冷却液温度表指示发动机过热的检修　/　142

学习任务七　机油及机油滤清器的检查和更换　/　157

学习任务八　机油压力警告灯点亮的检修　/　169

学习任务九　空气滤清器的清洁和更换　/　184

学习任务十　燃油滤清器的更换　/　198

参考文献　/　215

学习任务一

发动机传动带的检查和更换

学习目标

完成本学习任务后,你应当能:
1. 叙述发动机的功用和类型;
2. 明确发动机的总体构造和工作原理;
3. 明确传动带的功用、类型和更换周期;
4. 正确地使用工具和设备;
5. 正确地检查发动机传动带;
6. 规范地更换发动机传动带。

 建议完成本学习任务的时间为 6 课时。

 学习任务描述

一辆卡罗拉(1.6L)乘用车,行驶了 75000km,到维修站检查,车主反映最近一段时间,汽车起动时好像听到发动机舱内传动带有异响,需要维修人员按照"维护标准和要求"对发动机传动带进行检查和更换。

学习内容

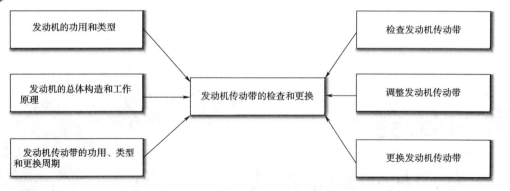

一、资料收集

引导问题 1 汽车由哪几部分组成？

汽车是指由动力驱动，具有 4 个或 4 个以上车轮的非轨道承载的车辆，主要用于载运人员和货物、牵引载运人员和货物的车辆以及特殊用途的车辆。

汽车通常由发动机、底盘、车身和电气设备四大部分组成。汽车总体构造如图 1-1 所示。

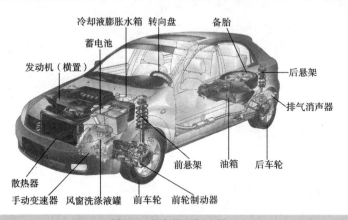

图 1-1 汽车的基本组成

引导问题 2 发动机的功用是什么？有哪些类型？

1 发动机的功用

发动机是将某一种形式的能转换为机械能的机器。

汽车用发动机外观如图1-2所示,它是汽车的心脏,是汽车的动力源。汽车发动机一般是将液体燃料或气体燃料和空气混合后直接输入机器内部燃烧产生热能,热能再转变为机械能,因此又称内燃机。

2 发动机的类型

汽车发动机可以按不同特征进行分类,常用分类方法有以下几种:

(1)按使用燃料分类。按使用燃料的不同,汽车发动机可分为汽油机、柴油机、单燃料燃气发动机、两用燃料发动机、混合燃料发动机等。

图1-2 发动机外形图

(2)按点火方式分类。按点火方式的不同,汽车发动机可分为点燃式发动机和压燃式发动机。

点燃式发动机是利用高压电火花点燃汽缸内的混合气来完成做功的,如汽油机。它所使用的燃料一般是点燃温度低、自燃温度高的燃料。

压燃式发动机是利用高温、高压使汽缸内的混合气自行着火燃烧来完成做功的,如柴油机。它所使用的燃料一般是点燃温度较高,但自燃温度较低的燃料。

(3)按活塞运动方式分类。按活塞运动方式的不同,汽车发动机可分为往复活塞式发动机和旋转活塞式(转子式)发动机。现代汽车发动机多采用往复活塞式发动机。

往复活塞式发动机按完成一个工作循环所需活塞的行程数不同,又可分为四冲程发动机和二冲程发动机。活塞上下往复四个行程完成一个工作循环的发动机称为四冲程发动机。活塞上下往复两个行程完成一个工作循环的发动机称为二冲程发动机。现代汽车发动机多采用四冲程发动机。

(4)按冷却方式分类。按冷却方式的不同,汽车发动机可分为水冷式发动机和风冷式发动机。现代汽车发动机绝大多数采用水冷式。

(5)按汽缸数目分类。按汽缸数目的不同,汽车发动机可分为单缸发动机和多缸发动机。现代汽车发动机多采用四缸发动机、六缸发动机和八缸发动机。

(6)按汽缸布置方式分类。按汽缸布置方式的不同,汽车发动机可分为直列式发动机、V形发动机和水平对置式发动机。

(7)按进气方式分类。按进气方式的不同,汽车发动机可分为自然吸气(非增压)式发动机和强制进气(增压)式发动机。

引导问题3 ▶ **发动机的总体构造特点有哪些?**

汽油发动机通常由两大机构、五大系统组成,而柴油发动机由两大机构、四大系统组成。两大机构是指曲柄连杆机构和配气机构,五大系统是指燃料供给系统、冷却系统、润滑系统、点火系统(柴油机无此系统)和起动系统。汽油发动机的总成构造如图1-3和图1-4所示。

(1)曲柄连杆机构。曲柄连杆机构是发动机借以产生动力,并将活塞的往复直线运动转变为曲轴的旋转运动而输出动力的机构。

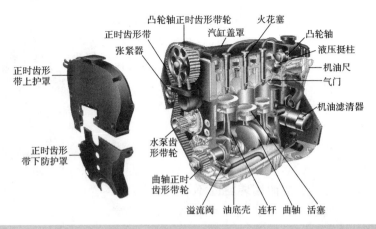

图1-3 汽油发动机纵剖图

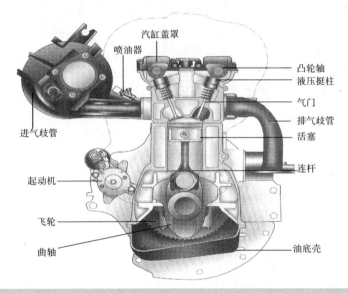

图1-4 汽油发动机横剖图

曲柄连杆机构主要由汽缸盖、汽缸体、活塞、连杆、曲轴和飞轮等组成。

（2）配气机构。配气机构的功用是根据发动机的工作需要，适时地打开进气门或排气门，使可燃混合气及时地充入汽缸，或使废气及时地从汽缸内排出；而在发动机不需要进气或排气时，则利用气门将进气通道或排气通道关闭，以保证汽缸密封。

配气机构主要由气门、气门弹簧、液压挺柱、凸轮轴、正时齿轮等组成。

（3）燃料供给系统。燃料供给系统的功用是向汽缸内供给可燃混合气，并控制进入汽缸内的可燃混合气的数量，以调节发动机的输出功率和转速，最后将燃烧后的废气排出汽缸。

汽油机的燃料供给系由燃油箱、燃油滤清器、燃油泵、节气门体、喷油器、空气滤清器、进排气歧管和排气消声器等组成。

（4）点火系统（柴油机无此系统）。汽油机点火系统的功用是按一定时刻向汽缸内提供电火花，及时地点燃汽缸中被压缩的可燃混合气。

点火系统通常由电源（蓄电池和发电机）、点火开关、点火线圈和火花塞等组成。

(5)冷却系统。冷却系统的功用是利用冷却液冷却高温零件,并通过散热器将热量散发到大气中去,以保证发动机正常工作。

水冷式冷却系统通常由水泵、散热器、风扇、节温器和水套等组成。

(6)润滑系统。润滑系统的功用是将清洁的润滑油分送至各个摩擦表面,以减小摩擦和磨损,并清洗、冷却摩擦表面,从而延长发动机的使用寿命。

润滑系一般由机油泵、机油滤清器、集滤器、限压阀、润滑油道和油底壳等组成。

(7)起动系统。起动系统的功用是带动飞轮旋转以获得必要的动能和起动转速,使静止的发动机起动并转入自行运转状态。

起动系统包括起动机及其附属装置。

引导问题4 四冲程发动机是怎样工作的?

四冲程发动机的每一个工作循环都有4个活塞行程,按其作用的不同,分别称为进气行程、压缩行程、做功行程和排气行程,如图1-5和图1-6所示。

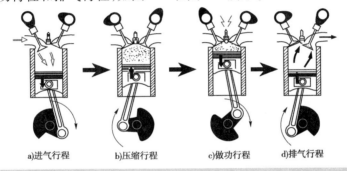

图1-5 四冲程汽油发动机的工作原理

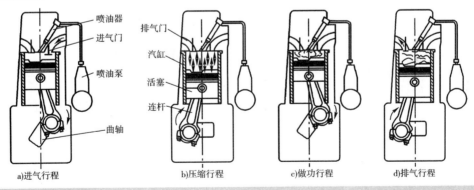

图1-6 四冲程柴油发动机的工作原理

引导问题5 发动机前端的附属装置有哪些?如何驱动?

为了实现汽车及发动机各系统的正常工作,在发动机的前端还安装了发电机、空调压缩机、动力转向油泵和水泵等一些附属装置,这些附属装置都由发动机曲轴带轮通过发动机传动带驱动,不同车型,其传动带的布置形式也不同,如图 1-7 所示。

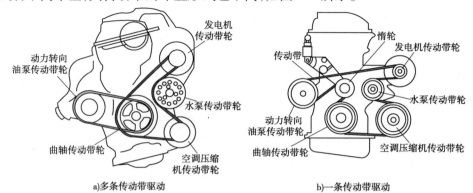

图 1-7　发动机附属装置的传动形式

引导问题 6　传动带的形式有哪些？各有何特点？

目前发动机传动带有 V 形带和多楔形带两种,如图 1-8 所示。

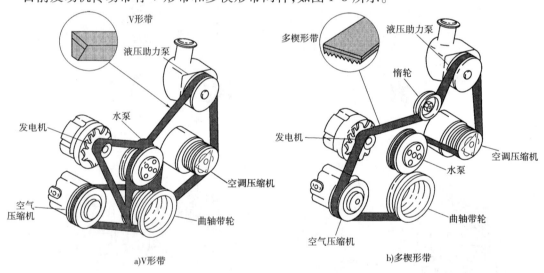

图 1-8　传动带的形式

V 形带的传动力矩大,使用寿命较长,正常情况下汽车可行驶 40000～50000km。V 形带最早用于发动机散热传动,目前已经逐渐被多楔形带所取代。

多楔形带传动时受力均匀、传动比高,具有适应高速小轮径传动且可反向多轮传动等优点,目前发动机上多采用多楔形带。

引导问题 7　传动带的张紧形式有哪些？其张紧力如何检查？

为保证传动带能正常驱动发动机的附属装置,传动带必须保持适当的张紧力。现在发动机上都通过安装传动带张紧机构来保证传动带的张紧力。根据张紧机构结构的不同,张紧机构可分为自动张紧机构(图1-9)和手动张紧机构(图1-10),手动张紧机构根据有无惰轮和调整螺栓又可分为无惰轮(有调整螺栓)类型、无惰轮(无调整螺栓)类型和有惰轮类型。

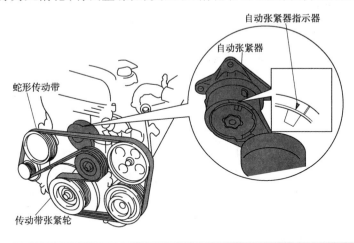

图1-9 自动张紧机构

图1-10 手动张紧机构类型

对于装有自动张紧机构的传动带,其张紧力是靠自动张紧机构中弹簧的弹力将张紧力施加到传动带上的,所以没有必要调整张紧力。检查时,只要自动张紧器指示器指示在正常范围内即可。对于装有手动张紧装置的传动带,其张紧力是通过调整张紧机构的调整螺栓来移动附属装置实现的,因此,可通过调整相应的调整螺栓来实现传动带张紧力的调整,不同车型其调整的方法和部位不同,可查阅相关车型的维修手册。

引导问题8　为何要定期检查传动带?如何检查?

发动机通过传动带驱动空调压缩机、动力转向油泵和交流发电机等附属装置工作,如果传动带断裂了,或者出现了打滑,都将使相关的附属装置无法工作,或使其性能下降,从而影响汽车的正常使用。因此,定期检查传动带非常必要,一般每行驶15000km进行一次检查,在维修发电机等附属装置时,也要对传动带进行不定期检查。

传动带的检查方法十分简单。首先,检查传动带的磨损情况,检查传动带的整个外围是否有磨损、裂纹、层离或者其他损坏(图1-11),如果无法检查传动带的整个外围,则通过转动发动机曲轴传动带轮检查传动带,如果出现上述情况,表示传动带可能会断裂,必须立即更换。

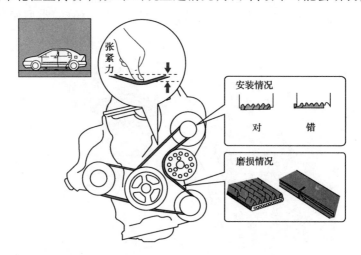

图1-11 传动带的检查

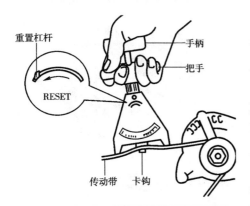

图1-12 用张紧力计检查传动带张紧情况

其次,检查传动带的安装情况,检查传动带是否正确地安装在传动带轮槽内(图1-11),如果没有正确安装,则重新安装传动带。

最后,检查传动张紧情况,通过在规定的区域施加一个98N的力按压传动带检查松紧程度,如图1-11所示;也可用传动带张紧力计检查传动带的张紧力来判断传动带张紧情况,如图1-12所示。

如果传动带过松,就可能造成传动带打滑、传动不完全;如果传动带过紧,则会使传动带易拉伸变形,同时,也会加速传动带轮及轴承磨损。传动带的张紧情况一般是通过调整螺栓调节相应附属装置固定带轮进行调整(图1-13)。

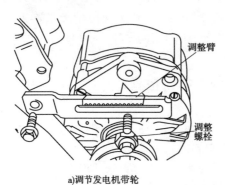

a) 调节发电机带轮   b) 调节空调压缩机

图1-13 传动带的调整部位

引导问题 9 ▶ 传动带的更换周期是多长时间？

车型不同,传动带的更换周期也不同,可根据维修手册的要求进行更换,见表 1-1。

传动带的检查和更换周期表　　　　　　　　　　　表 1-1

车　型	更 换 周 期
桑塔纳 2000GSi	每 15000km 检查,建议 60000km 更换
丰田卡罗拉(1.6L)	每 20000km 检查,必要时更换
科鲁兹(1.6L)	每 60000km 更换

二、实 施 作 业

引导问题 10 ▶ 作业需用哪些工具、设备和材料？

（1）组合工具、螺丝刀、钳子、扭力扳手、传动带张紧力计、精密直尺等,如图 1-14 所示。

a)组合工具　　　　b)扭力扳手　　　　c)传动带张紧力计

图 1-14　组合工具、扭力扳手和传动带张紧力计

（2）磁力护裙（图 1-15）、转向盘护套、变速杆手柄套、脚垫和座椅套等。
（3）举升机和卡罗拉(1.6L)乘用车,如图 1-16 所示。
（4）卡罗拉(1.6L)乘用车维修手册。

图 1-15　磁力护裙

图 1-16　举升机和卡罗拉(1.6L)乘用车

引导问题 11　通过查询和查找，填写以下信息。

生产年份_____，车牌号码_____，行驶里程_____，发动机型号及排量_____，车辆识别代码（VIN）_____。

引导问题 12　作业前的准备工作有哪些？

（1）汽车进入工位前，将工位清理干净，准备好相关的器材。
（2）将汽车停驻在举升机中央位置。
（3）拉紧驻车制动器操纵杆，并将变速杆置于空挡或驻车挡（P 位）位置，如图 1-17 所示。

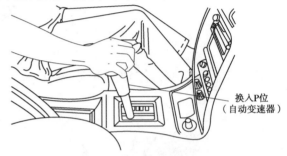

图 1-17　换入空挡或驻车挡

（4）套上转向盘护套、变速杆手柄套和座椅套，铺设脚垫，如图 1-18 所示。

图 1-18　套上护套

（5）在车内拉动发动机舱盖手柄，在车外打开并支撑发动机舱盖，如图 1-19 所示。
（6）粘贴翼子板和前格栅磁力护裙，如图 1-20 所示。

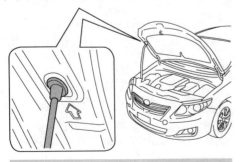

图 1-19　支撑发动机舱盖　　　图 1-20　粘贴磁力护裙

引导问题 13　如何检查和调整传动带？

1　传动带的检查

传动带的检查主要包括目视磨损情况的检查、安装情况的检查和张紧力的检查。

（1）磨损情况的检查。目视检查传动带是否过度磨损、加强筋损坏等，如图 1-21 所示。如果发现任何损坏，则更换传动带。

注意

传动带的带棱侧出现一些裂纹是可以接受的。如果传动带的带棱上有脱落，则更换传动带。

（2）检查传动带有没有从曲轴传动带轮底部的凹槽中滑脱，如图 1-22 所示。

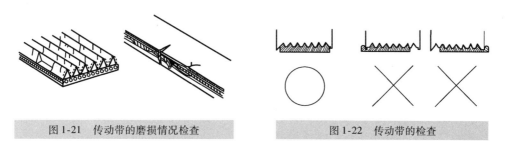

图 1-21　传动带的磨损情况检查　　　　图 1-22　传动带的检查

（3）检查传动带的偏移量和张紧力。如图 1-23 所示，在规定点处检查传动带的张紧力，新传动带的张紧力为 637～735N；用过的传动带的张紧力为 392～588N。检查传动带偏移量，向其施加 98N 的张紧力，新传动带的偏移量为 7.5～8.6mm；用过的传动带的偏移量为 8.0～10.0mm。

注意

"新传动带"是指在发动机运转的情况下使用时间少于 5min 的传动带。"用过的传动带"是指在发动机运转的情况下使用时间超过 5min 的传动带。

2　传动带张紧力的调整

如图 1-24 所示，通过调整发电机带轮来调整传动带张紧力。先松开螺栓 A 和 B，再松开螺栓 C，转动螺栓 C，以调节传动带的张紧力。调整结束后，紧固螺栓 A 和 B，螺栓 A 的拧紧力矩为 19N·m；螺栓 B 的拧紧力矩为 43N·m。

> 确认螺栓 D 没有松动。

图1-23 传动带偏移量和张紧力的检查

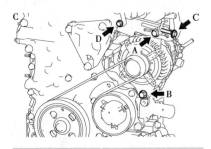

图1-24 传动带的调整

引导问题14 如何更换传动带？

1 传动带的拆卸

拆装传动带相关部件的分解图如图 1-25 所示。

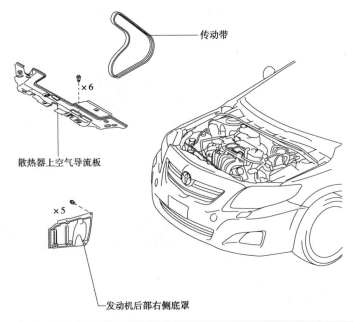

图1-25 拆装传动带相关部件的分解图

（1）拆卸散热器上空气导流板，如图 1-25 所示。
（2）拆卸发动机后部右侧底罩，如图 1-25 所示。

（3）拆下发动机传动带。先松开螺栓 A 和 B，再松开螺栓 C，然后拆下传动带，如图 1-24 所示。

不要松开螺栓 D。

2 传动带的安装

（1）安装传动带。
（2）调整传动带，如图 1-24 所示。
（3）检查传动带，如图 1-23 所示。安装新传动带后，运转发动机约 5min，然后重新检查传动带偏移量和张紧力。
（4）安装发动机后部右侧底罩。
（5）安装散热器上空气导流板。

三、评价与反馈

（1）对本学习任务进行评价，见表 1-2。

评　分　表　　　　　　　　　　　　　　　　表 1-2

考核项目	评分标准	分数	学生自评	小组评价	教师评价	小计
团队合作	是否协调	5				
活动参与	是否积极主动	5				
安全生产	有无安全隐患	10				
现场 5S	是否做到	10				
任务方案	是否正确、合理	15				
操作过程	检查传动带；调整传动带；更换传动带	30				
任务完成情况	是否圆满完成	5				
工具和设备使用	是否规范、标准	10				
劳动纪律	是否能严格遵守	5				
工单填写	是否完整、规范	5				
总分		100				
教师签名：			年　月　日		得分	

（2）在实施作业时每一个安全事项都注意到了吗？如果没有，找出忽略的地方和原因。

(3)能否向车主解释检查和更换传动带的过程？如果不能,分析原因并提出改进措施。

四、学习拓展

(1)查阅科鲁兹(1.6L)乘用车维修手册,比较科鲁兹(1.6L)乘用车与卡罗拉(1.6L)乘用车在传动装置的布置形式上有什么区别。

(2)查阅桑塔纳2000GSi乘用车维修手册,比较桑塔纳2000GSi乘用车与卡罗拉(1.6L)乘用车在传动带的拆装及调整上有什么不同。

学习任务二

发动机正时带与正时链的检查和更换

学习目标

完成本学习任务后,你应当能:
1. 叙述发动机装配正时的定义及正时传动的作用;
2. 明确正时传动的形式及各传动形式的特点;
3. 明确发动机正时传动装置的更换周期;
4. 正确地使用工具和设备;
5. 规范地检查及更换发动机正时带;
6. 规范地检查及更换发动机正时链。

 建议完成本学习任务的时间为 **12 课时**。

 学习任务描述

一辆桑塔纳2000GSi乘用车,行驶了60000km,车主反映正时带一直没有更换过,现在车辆要跑长途,到维修站要求维修人员按照"维护标准和要求"对正时带进行检查和更换。

学习内容

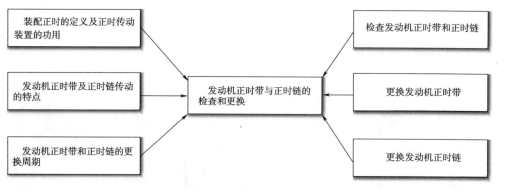

一、资 料 收 集

引导问题1 什么是发动机装配正时？

发动机装配正时是指装配时确定曲轴与凸轮轴的相对位置，以确保活塞的行程与气门开闭的时刻相对应。发动机装配正时是配气正时和点火正时的基础，如果发动机装配正时不准，会导致发动机配气正时和点火正时不准，发动机将无法正常工作。为了保证发动机装配正时正确，在发动机的曲轴和凸轮轴上都标有装配正时标记，不同发动机装配正时的标记也不同，如图2-1和图2-2所示。在发动机装配时，只要把正时标记对准，就可保证发动机装配正时正确。

a) 曲轴传动带轮上的装配标记　　　　b) 凸轮轴传动带轮上的装配标记

图2-1　曲轴传动带轮和凸轮轴传动带轮上的装配标记

引导问题2 发动机正时传动装置有何作用？形式有哪些？

按装配正时装配好的发动机，为了保证发动机在工作时装配正时不发生改变，在发动机曲轴前端装有曲轴正时齿轮(或链轮),在凸轮轴前端装有凸轮轴正时齿轮(或链轮),两个正时齿轮(或链轮)都能够与相应的轴一同转动,并在两个正时齿轮(或链轮)之间装有正时传动装置,使装配好的曲轴与凸轮轴按固定传动比同步转动,以保证装配正时保持不变。

正时传动装置有正时带(又称同步带)传动和正时链传动两种形式,其组成如图2-3所示。

引导问题3 发动机正时带传动有何特点?

正时带是通过正时带上的凸齿与正时带轮上的齿槽强制啮合而工作,即当主动带轮转动时能通过带齿与带轮的依次啮合将动力传给从动带轮,因此,主动带轮与从动带轮的线速度相同。与正时链传动相比,正时带传动具有如下特点:

(1)正时带结构简单、紧凑,可用于多轴传动及中心距较大的传动。

(2)正时带传动阻力小,传动惯性也小,能提高发动机的动力性及加速性能。

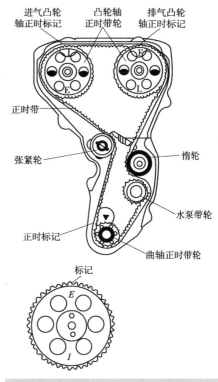

图2-2 曲轴和凸轮轴正时带轮上的装配标记

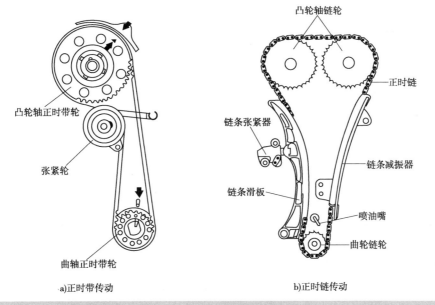

图2-3 正时带传动和正时链传动

(3)正时带的张紧力小,轮轴上的压力轻,因此,可以延长轴承的使用寿命。

(4)正时带能够缓冲传动冲击和振动,传动噪声小,不需要润滑,能够满足发动机高转速传动的需要。

(5) 正时带需要的安装空间小，具有较好的环境适应能力，特别适用于V形发动机。

(6) 正时带制造成本低，且更换容易。

(7) 正时带传递的力矩较小，容易接触到发动机润滑油(简称机油)、冷却液或制动液等化学品，会出现老化、开裂、变形或拉长，甚至出现断裂的现象。

(8) 正时带更换周期短，使车辆的维修成本增加。

引导问题4　发动机正时链传动有何特点？

由高强度金属制成的正时链，将曲轴和凸轮轴的链轮连接并使其保持同步运转。与正时带传动相比，正时链传动具有以下特点：

(1) 使用寿命长(有些正时链在整个发动机使用过程中无须更换)，工作可靠，故障率低，维修成本低。

(2) 正时链高速运转，会导致正时链磨损快，噪声增大，因此，必须要设计相应的润滑系统进行冷却和润滑，会增加发动机的设计和制造成本。

(3) 正时链传动阻力大，传动惯性大，会增加油耗，降低性能。

目前，大多发动机采用静音链传动，能够很好地解决链传动噪声大的问题。

引导问题5　发动机正时带与正时链的维护周期是多长时间？

不同发动机正时带和正时链的维护周期不同(表2-1)，可通过查阅相应车型的维修手册掌握正时带和正时链的维护周期，以做到定期检查和更换。

正时带与正时链的维护周期表　　　　　　　　　　　　　表2-1

项　目	车　型	更换周期(万 km)
正时带	桑塔纳2000GSi	10
	科鲁兹(1.6L)	6
	凯越(1.6L)	4.5
正时链	大众波罗	20
	丰田卡罗拉	终身免维护

引导问题6　正时传动装置的张紧形式有哪些？

为了保证正时传动装置正常、可靠的工作，正时传动装置必须装有张紧装置，以保持正时传动装置正常的张紧力。目前，多数发动机的正时传动装置都装有正时传动张紧力自动调节机构(图2-4)，有些发动机虽然装的是手动调整张紧力装置，但调节器本身是自动的，如图2-5所示。

学习任务二　发动机正时带与正时链的检查和更换

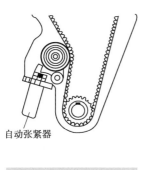

图2-4　自动张紧装置

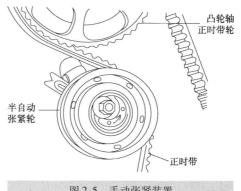

图2-5　手动张紧装置

引导问题7　正时传动装置断裂对发动机有何影响？

发动机在工作时，如果出现正时传动装置断裂，发动机的曲轴和凸轮轴将不再同步转动，此时活塞的行程与气门的开闭时刻将不再对应，会出现活塞和气门占据着相同空间的情况，会发生"顶缸"，造成气门和活塞等部件严重受损。

引导问题8　正时带损坏的原因有哪些？

正时带的损坏和故障取决于多种因素，或者说是这些因素一起作用的结果。这些因素包括以下几个方面：

（1）正常的磨损。经过长期使用的正时带发生了上百万次的扭曲和扭转变形，这样的变形很容易使正时带发生严重的磨损。工作正常的正时带，在其更换周期内，一般都不会发生因正常的磨损而导致正时带损坏的情况。如果出现损坏，则说明正时带的工作情况不正常，一定存在其他方面的问题，主要包括以下几个方面：

①正时带的结构缺陷。正时带上的任何瑕疵都会导致其使用寿命的缩短，例如正时带上细小的裂纹、合成材料不完美、刻痕或切口等。如今，随着正时带制造工艺技术的进步，这些问题已经得到了很好的解决，很少出现这方面的问题。

②惰轮和导向轮转动不灵活。这些滑轮是用来让正时带在张紧状态下保持对正，并在正确的轨迹上运转，同时最大限度地降低那些引起正时带破损的"飘移"作用。如果由于劣质轴承、破损轴套或是润滑不当等原因导致滑轮不能自由旋转，那么正时带将会在这些滑轮表面滑动，从而导致摩擦生热或把正时带表面磨得光滑。摩擦生热会加快正时带的老化，而表面的光滑将减弱正时带的传动，进而影响其正常功能。

③张紧轮运转不正确。张紧轮按需要提供适当的张紧力并自由地旋转，所以当张紧轮不能正确工作时，就像惰轮和导向轮一样，将会给正时带的工作寿命带来很大影响。

（2）导轨对正不准确。正时带工作时，每根正时带都绕着其轨迹以每分钟数千转的速度运动着，这种面面接触的开合运动产生的巨大摩擦力将会导致正时带的提前损坏。因此，在安装正时带的前后，我们都要对正时系统各部件安装的位置进行仔细的检查，查看是否准确对正,这样就可以尽量避免因为安装位置不准确而导致正时带的提前损坏。

(3)外部污染。与正时带相接触的任何东西都可能损坏正时带,这就是正时带工作时整个系统需要被覆盖和保护的原因。然而即使正时带的绝大部分都被保护起来,仍会有少量发动机内的油液,例如机油、冷却液等影响到正时带,使其打滑或发生化学腐蚀。另外,小石子、小金属屑或其他碎屑也可以通过某些途径钻到正时带区域,这些也都可能损害正时带。

(4)配件更换不正确。目前,大部分正时带制造商和供应商都提供正时带的更换组件,其中包括正时带、张紧轮、惰轮和导向轮在内的所有部件,并统一装在一个盒子里,这些部件都是根据特殊使用条件定做的。如果张紧轮或惰轮出现问题而不予更换,将会导致刚更换不久的正时带再一次出现故障,因此,最好是同时更换正时系统的所有部件。

二、实施作业

引导问题9 作业需要哪些工具、设备和材料?

(1)普通工具:组合工具、螺丝刀、钳子、扭力扳手、正时带张紧力计、游标卡尺和正时带张紧轮调整工具,如图2-6所示。

a)组合工具　　　b)游标卡尺　　　c)正时带张紧轮调整工具

图2-6　组合工具、游标卡尺和正时带张紧轮调整工具

(2)专用工具:SST 09213-58013 曲轴传动带轮固定工具、09330-00021 接合凸缘固定工具、09051-1C110 塑料锤 420g、SST09268-21010 燃油软管拉出器、SST09950-50013 拉出器 C 组件和"TORX"套筒扳手(E8)。

(3)磁力护裙(图1-15)、转向盘护套、变速杆手柄套、脚垫和座椅套。

(4)举升机、卡罗拉(1.6L)乘用车(图1-16)、桑塔纳2000GSi型乘用车发动机。

(5)丰田原厂黑密封胶、丰田原厂黏合剂、丰田超长效冷却液(SLLC)等。

(6)桑塔纳2000GSi和卡罗拉(1.6L)乘用车维修手册。

引导问题10 通过查询和查找,填写以下信息。

生产年份_____,车牌号码_____,行驶里程_____,发动机型号及排量_____,车辆识别代码(VIN)_____。

学习任务二　发动机正时带与正时链的检查和更换

引导问题 11　作业前的准备工作有哪些？

（1）汽车进入工位前，将工位清理干净，准备好相关的器材。
（2）将汽车停驻在举升机中央位置。
（3）拉紧驻车制动器操纵杆，并将变速杆置于空挡或驻车挡（P 位）位置，如图 1-17 所示。
（4）套上转向盘护套、变速杆手柄套和座椅套，铺设脚垫，如图 1-18 所示。
（5）在车内拉动发动机舱盖手柄，在车外打开并支撑发动机舱盖，如图 1-19 所示。
（6）粘贴翼子板和前格栅磁力护裙，如图 1-20 所示。

引导问题 12　如何检查正时带？

正时带的检查主要包括正时带的外观检查和正时带的松紧度检查。
（1）正时带的外观检查。正时带没有破裂，并不意味着它没有问题。随着正时带越用越旧，它拉伸的程度势必超过张紧装置能够补偿的范围，因而产生正时带轮打滑。而轮齿磨损、有润滑油附着等也会导致打滑。检查时，应检查正时带有无硬度降低、磨蚀、纤维断裂、裂纹、裂缝、断齿等现象，如果存在上述现象，则表明正时带已破损，不可以继续使用，应立即更换。
（2）正时带的松紧度检查。可以使用张紧力计测量正时带的张紧力来检查正时带松紧度是否合适，其检查方法与传动带的检查方法基本相同。此外，还可以用拇指用力弯曲正时带，张紧轮应该移向一侧，当放松正时带时，张紧轮应回到初始位置。另外，还可以通过感觉来判断正时带的松紧度，用拇指和食指捏住正时带的中间位置，用力翻转正时带，以刚好可转动 90° 为合适。

如果正时带松弛，则可能是正时带拉伸过度，或者是张紧装置松弛或卡住，应该对张紧装置复位，或者拧紧定位螺钉；如果正时带有跳动的现象，则应该及时更换。

引导问题 13　如何更换正时带？

拆装桑塔纳 2000GSi 型乘用车发动机正时带相关部件的分解图如图 2-7 和图 2-8 所示。

1　正时带的拆卸

（1）拆卸传动带。
①如图 2-9 所示，松开空调压缩机与支架的连接螺栓，取下空调压缩机传动带。

注意

在拆卸传动带之前，要先做好方向标记，如果按相反方向安装使用传动带，可能会损坏传动带；拆下空调压缩机传动带时，不要打开制冷管路。

②用开口扳手按图2-10中箭头所示的方向扳动传动带张紧轮,使传动带松弛;用销钉固定住传动带张紧轮,从发电机上取下传动带,再拆下销钉。

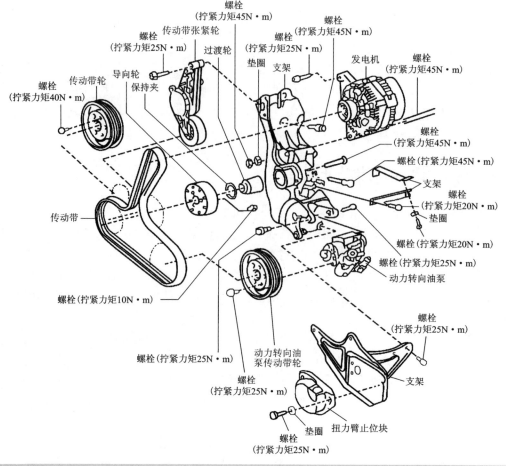

图2-7 拆装正时带相关部件的分解图(1)

(2)如图2-11所示,转动曲轴传动带轮,将曲轴转到第一缸活塞的上止点位置。

(3)拆下正时带上防护罩。

(4)如图2-12所示,将凸轮轴正时带轮上的标记对准正时带后防护罩上的标记。

(5)如图2-13所示,拆下曲轴传动带轮。

(6)拆下正时带中间防护罩及下防护罩。

(7)如图2-14所示,用粉笔在正时带上作好旋转方向标记,松开半自动张紧轮并拆下正时带。

2 正时带的安装

(1)转动曲轴,使曲轴不在第一缸活塞上止点位置,以免损坏气门及活塞。

(2)转动凸轮轴,将凸轮轴正时带轮上的标记对准正时带后防护罩上的标记,如图2-15所示。

(3)转动曲轴,将曲轴正时带轮上的上止点标记与参考标记对准,使第一缸活塞在上止点位置。

学习任务二　发动机正时带与正时链的检查和更换

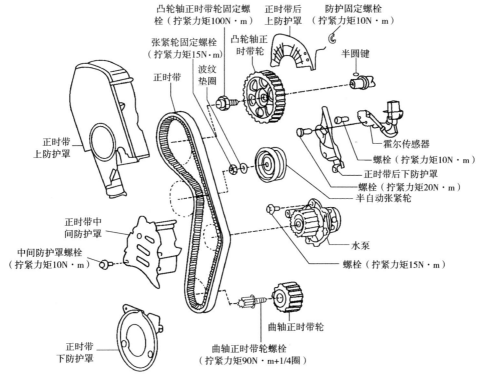

图2-8　拆装正时带相关部件的分解图(2)

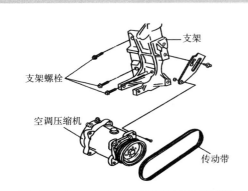

图2-9　正时带的拆卸(1)

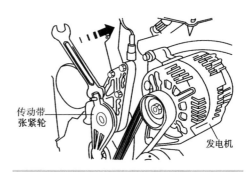

图2-10　正时带的拆卸(2)

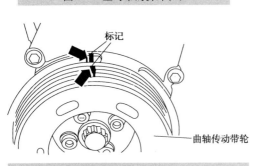

图2-11　正时带的拆卸(3)

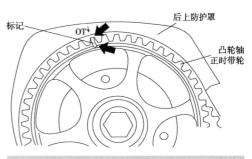

图2-12　正时带的拆卸(4)

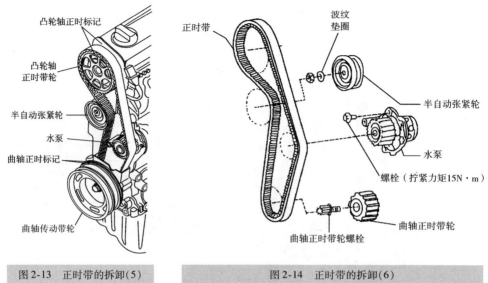

图2-13 正时带的拆卸(5)　　　图2-14 正时带的拆卸(6)

（4）先将正时带安装到曲轴正时带轮和水泵带轮上，然后再将正时带安装到张紧轮和凸轮轴带轮上。

注意

张紧轮的定位块必须嵌入汽缸盖上的缺口内，如图2-16所示。

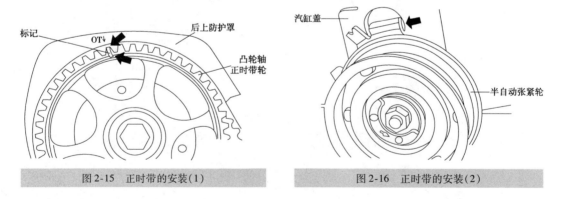

图2-15 正时带的安装(1)　　　图2-16 正时带的安装(2)

（5）如图2-17所示，将张紧轮逆时针转动，直到可以使用正时带张紧轮调整工具为止。松开张紧轮，直到指针位于缺口下方约10mm处。旋紧张紧轮，直到指针和缺口重叠，将张紧轮上的锁紧螺母用15N·m的力矩拧紧。

（6）转动曲轴，检查正时带的安装及张紧情况。

（7）安装正时带下防护罩、曲轴传动带轮、正时带中间防护罩及上防护罩。

（8）安装发电机和空调压缩机传动带，调整并检查其张紧情况。

引导问题 14 ▶ 如何检查正时链？

正时链长期使用后会发生磨损,正时链的磨损程度通常用其伸长量来判断。正时链的伸长量可通过测量正时链的全长或规定链节数的长度来进行测量。以测量卡罗拉(1.6L)乘用车发动机正时链为例,为使测量准确,测量正时链长度时,应将正时链用147N的力拉直,再用游标卡尺测量15个链节的长度,如图2-18所示。若长度不符合规定值,应更换正时链。

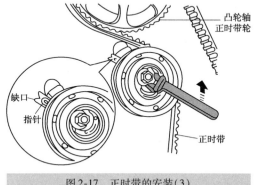

图 2-17 正时带的安装(3)

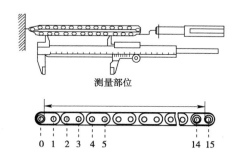

图 2-18 卡罗拉(1.6L)乘用车发动机正时链伸长量的检查

引导问题 15 ▶ 如何更换正时链？

拆装卡罗拉(1.6L)乘用车发动机正时链相关部件的分解图如图2-19~图2-23所示。

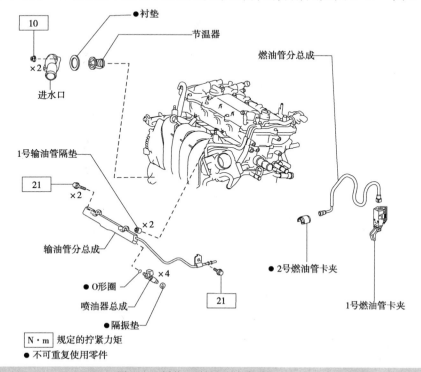

图 2-19 拆装正时链相关部件分解图(1)

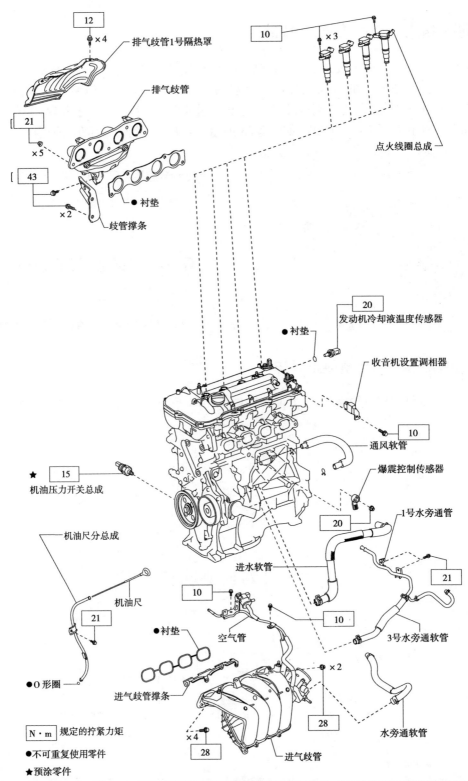

图 2-20 拆装正时链相关部件分解图(2)

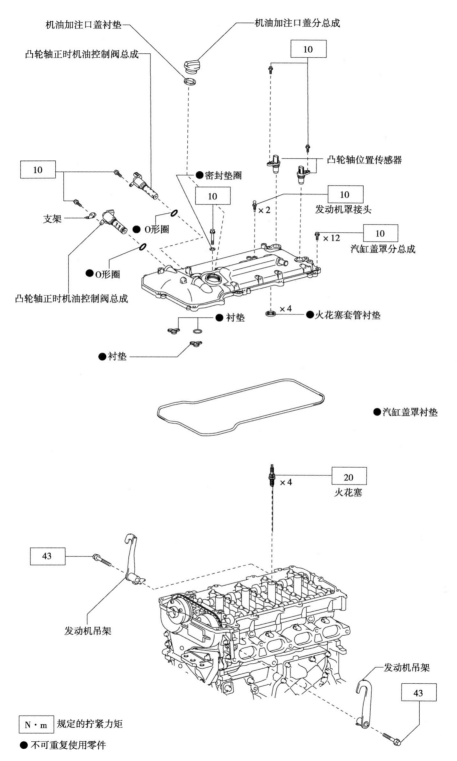

图 2-21 拆装正时链相关部件分解图(3)

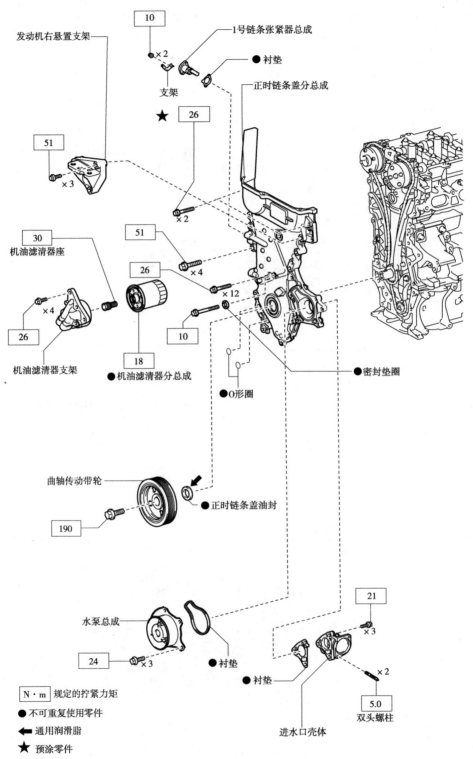

图 2-22 拆装正时链相关部件分解图(4)

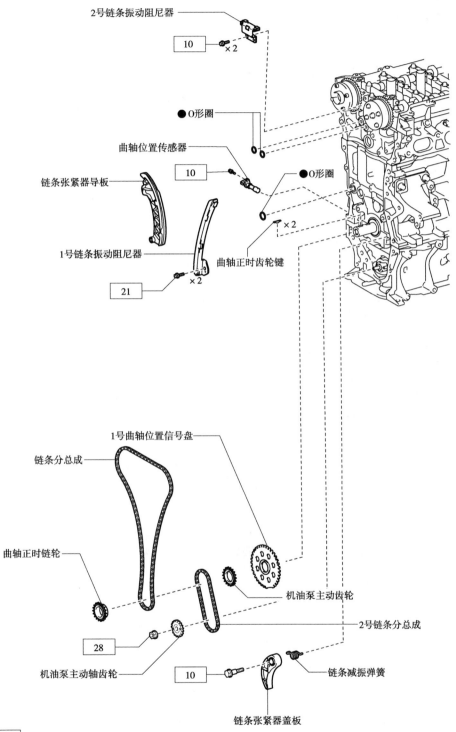

图 2-23 拆装正时链相关部件分解图（5）

1 正时链的拆卸

（1）拆卸带变速器的发动机总成。

（2）安装发动机台架，将发动机放置在发动机台架上。

（3）拆卸进气歧管。

①如图2-24所示，拆下线束卡夹支架，拆下2个螺栓并断开气管。将通风软管从进气歧管上断开。断开2根水旁通软管。

②如图2-25所示，拆下4个螺栓和2个螺母，并拆下进气歧管和进气歧管撑条。将衬垫从进气歧管上拆下。

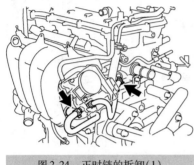

图2-24　正时链的拆卸（1）

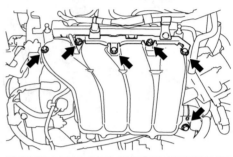

图2-25　正时链的拆卸（2）

（4）断开燃油管分总成。

①如图2-26所示，拆下2号燃油管卡夹。

②如图2-27所示，使用SST09268-21010断开燃油管分总成。

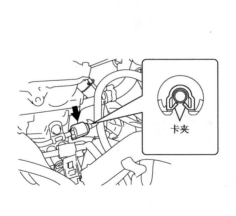

图2-26　正时链的拆卸（3）

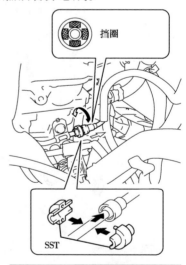

图2-27　正时链的拆卸（4）

（5）拆卸输油管分总成。

①如图2-28所示，拆下螺栓并拆下线束支架。

②如图2-29所示，拆下2个螺栓。

③如图2-30所示，拆下螺栓和输油管分总成。

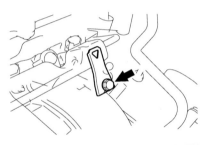

图2-28 正时链的拆卸(5)

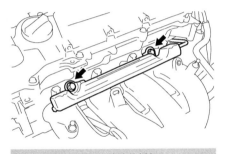

图2-29 正时链的拆卸(6)

④如图2-31所示,拆下2个1号输油管隔垫。

图2-30 正时链的拆卸(7)

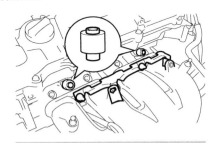

图2-31 正时链的拆卸(8)

(6)拆卸喷油器总成。

①如图2-32所示,从燃油输油管分总成中拉出4个喷油器总成。

②如图2-33所示,重新安装时,在喷油器轴上贴上标签。

用塑料袋将喷油器包起来,以防异物进入。

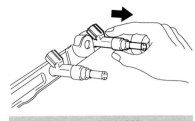

图2-32 正时链的拆卸(9)

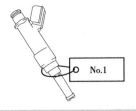

图2-33 正时链的拆卸(10)

③如图2-34所示,拆下4个喷油器隔振垫。

(7)拆卸点火线圈总成。拆下4个螺栓和4个点火线圈。

(8)拆卸机油尺分总成。如图2-35所示,拆下螺栓和机油尺,从机油尺上拆下O形圈。

(9)拆卸排气歧管1号隔热罩。如图2-36所示,拆下4个螺栓和排气歧管隔热罩。

(10)拆卸歧管撑条。如图2-37所示,拆下3个螺栓和歧管撑条。

(11)拆卸排气歧管。如图2-38所示,拆下5个螺母和排气歧管。

(12)拆卸通风软管。

(13) 拆卸3号水旁通软管。如图2-39所示,将3号水旁通软管从进水口壳体上分离。

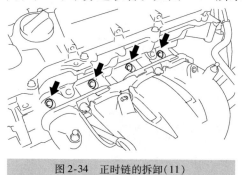
图2-34　正时链的拆卸(11)

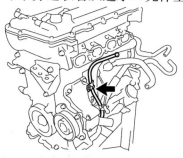
图2-35　正时链的拆卸(12)

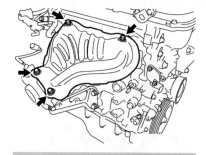
图2-36　正时链的拆卸(13)

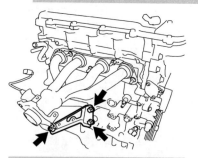
图2-37　正时链的拆卸(14)

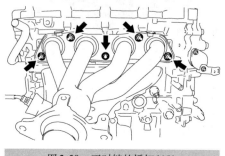
图2-38　正时链的拆卸(15)

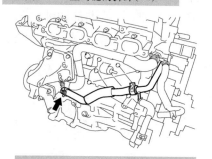
图2-39　正时链的拆卸(16)

(14) 拆卸1号水旁通管。如图2-40所示,拆下2个螺栓和1号水旁通管。

(15) 拆卸水旁通软管。拆下卡夹和水旁通软管。

(16) 拆卸进水软管。如图2-41所示,拆下2个卡夹和进水软管。

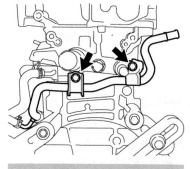
图2-40　正时链的拆卸(17)

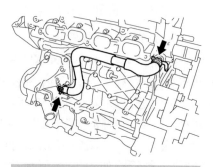
图2-41　正时链的拆卸(18)

(17)拆卸进水口。如图2-42所示,拆下2个螺母和进水口。
(18)拆卸节温器。如图2-43所示,拆下节温器和衬垫。从节温器上拆下衬垫。

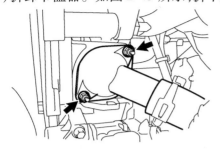

图2-42 正时链的拆卸(19)

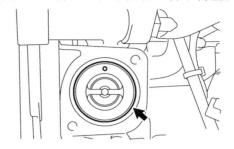

图2-43 正时链的拆卸(20)

(19)拆卸收音机设置调相器。如图2-44所示,拆下螺栓和收音机设置调相器。
(20)拆卸汽缸盖罩分总成。
①如图2-45所示,拆下13个螺栓、密封垫圈和汽缸盖罩。

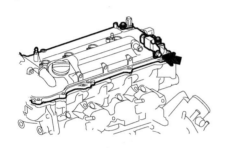

图2-44 正时链的拆卸(21)　　　图2-45 正时链的拆卸(22)

②如图2-46所示,从凸轮轴轴承盖上拆下3个衬垫。

拆卸汽缸盖罩时小心不要将衬垫掉进发动机,衬垫可能会黏附到汽缸盖罩上。

(21)如图2-47所示,拆卸汽缸盖罩衬垫。

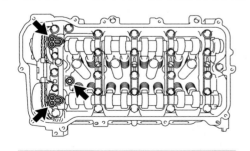

图2-46 正时链的拆卸(23)

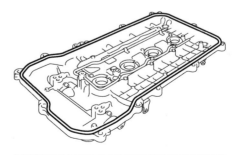

图2-47 正时链的拆卸(24)

(22)将1号汽缸设置到活塞压缩上止点(TDC)位置。

①转动曲轴传动带轮,直到其凹槽与正时链条盖上的正时标记"0"对准。

②如图2-48所示,检查并确认凸轮轴正时链轮上的各正时标记和位于1号和2号轴承盖上的各正时标记对准。如果没有对准,则转动曲轴1圈(360°)。如上所述对准正时标记,进行下一步骤。

(23)拆卸曲轴传动带轮。

①如图2-49所示,用SST固定传动带轮并松开传动带轮螺栓。

用SST进行安装时,要检查其安装位置,以防止SST在安装螺栓中接触正时链条盖分总成。

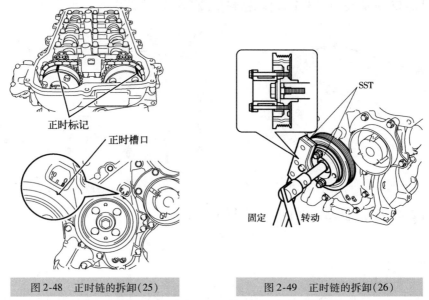

图2-48 正时链的拆卸(25)　　　图2-49 正时链的拆卸(26)

②如图2-50所示,用SST拆下曲轴传动带轮和传动带轮螺栓。

(24)拆卸1号链条张紧器总成。如图2-51所示,拆下2个螺母、托架、张紧器和衬垫。

不要在不使用链条张紧器的情况下转动曲轴。

(25)拆卸正时链条盖分总成。

①如图2-52所示,拆下3个螺栓和发动机悬置吊架。

②如图2-53所示,拆下4个螺栓和机油滤清器吊架。

③如图2-54所示,拆下2个O形圈。

学习任务二 发动机正时带与正时链的检查和更换

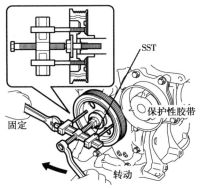

图2-50 正时链的拆卸(27)

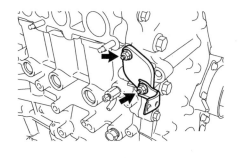

图2-51 正时链的拆卸(28)

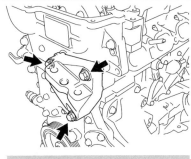

图2-52 正时链的拆卸(29)

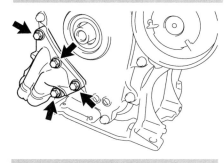

图2-53 正时链的拆卸(30)

④如图2-55所示,拆下19个螺栓。

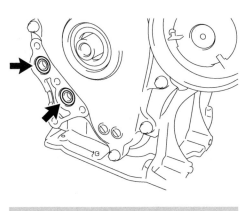

图2-54 正时链的拆卸(31)

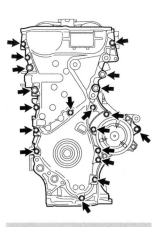

图2-55 正时链的拆卸(32)

⑤如图2-56所示,用螺丝刀撬动正时链条盖和汽缸盖或汽缸体之间的部位,拆下正时链条盖。

注意

不要损坏正时链条盖、汽缸体和汽缸盖的接触面。在使用螺丝刀之前,在螺丝刀头部缠上胶带。

35

⑥如图2-57所示,拆下3个O形圈。

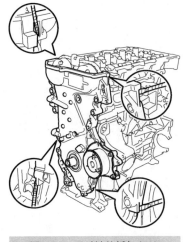

图2-56 正时链的拆卸(33)

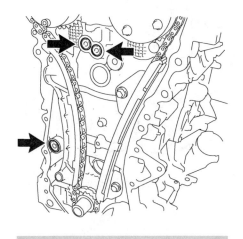

图2-57 正时链的拆卸(34)

⑦如图2-58所示,拆下3个螺栓和水泵。
⑧如图2-59所示,拆下衬垫。

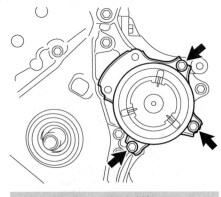

图2-58 正时链的拆卸(35)

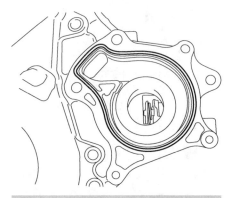

图2-59 正时链的拆卸(36)

(26)拆卸正时链条盖油封。如图2-60所示,用螺丝刀和手锤拆下油封。

小心不要损坏正时链条盖油封。使用螺丝刀之前,请在螺丝刀头部缠上胶带。

(27)如图2-61所示,拆卸链条张紧器导板。
(28)如图2-62所示,拆下2个螺栓和1号链条振动阻尼器。
(29)拆卸链条分总成。
①如图2-63所示,用扳手固定住凸轮轴的六角头部分,并逆时针旋转凸轮轴正时链轮总成,以松开凸轮轴正时链轮之间的链条。

学习任务二　发动机正时带与正时链的检查和更换

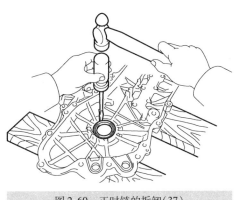

图 2-60　正时链的拆卸(37)

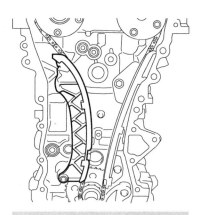

图 2-61　正时链的拆卸(38)

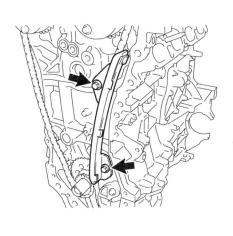

图 2-62　正时链的拆卸(39)

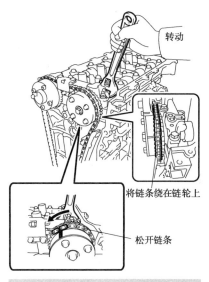

图 2-63　正时链的拆卸(40)

②链条松开时,将链条从凸轮轴正时链轮总成上松开,并将其放置在凸轮轴正时链轮总成上。

确保将链条从链轮上完全松开。

③顺时针转动凸轮轴,使其回到原来位置,并拆下链条。

(30)拆卸 2 号链条振动阻尼器。如图 2-64 所示,拆下 2 个螺栓和 2 号链条振动阻尼器。

2　正时链的安装

(1)如图 2-65 所示,用 2 个螺栓(拧紧力矩:21N·m)安装 1 号链条振动阻尼器。

(2)安装2号链条振动阻尼器。如图2-64所示,用2个螺栓安装2号链条振动阻尼器,拧紧力矩:10N·m。

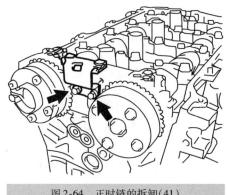

图2-64 正时链的拆卸(41)

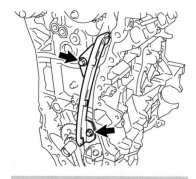

图2-65 正时链的安装(1)

(3)安装链条分总成。

①检查1号汽缸的活塞压缩上止点(TDC)位置。暂时紧固曲轴传动带轮螺栓,逆时针转动曲轴,以使正时链轮键位于顶部,如图2-66所示;拆下曲轴传动带轮螺栓,检查每个凸轮轴正时链轮上的正时标记,如图2-67所示。

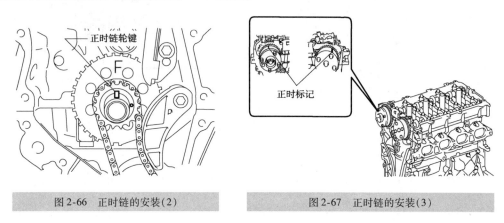

图2-66 正时链的安装(2)　　　　图2-67 正时链的安装(3)

②如图2-68所示,将标记板(橙色)和正时标记对准并安装链条。

> 确保使标记板位于发动机前侧,凸轮轴侧的标记板为橙色。不要使链条缠绕在凸轮轴正时链轮总成的链轮周围,只可将其放置在链轮上。将链条穿过1号振动阻尼器。

③如图2-69所示,将链条放在曲轴上,但不要使其缠绕在曲轴周围。

④如图2-70所示,用扳手固定住凸轮轴的六角头部分,并逆时针旋转凸轮轴正时链轮总成,以使标记板(橙色)和正时标记对准。

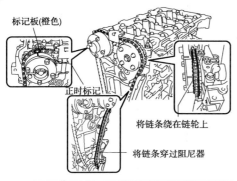

图 2-68 正时链的安装（4）

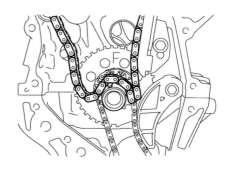

图 2-69 正时链的安装（5）

确保使标记板位于发动机前侧。凸轮轴侧的标记板为橙色。

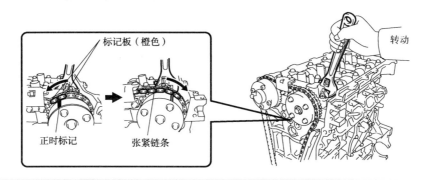

图 2-70 正时链的安装（6）

⑤用扳手固定住凸轮轴的六角头部分，并顺时针旋转凸轮轴正时链轮总成。

为了张紧链条，缓慢地顺时针旋转凸轮轴正时链轮总成，防止链条错位。

⑥如图 2-71 所示，将标记板（橙色）和正时标记对准，并将链条安装至曲轴正时链轮。

曲轴侧的标记板为黄色。

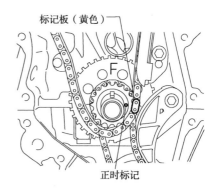

图 2-71 正时链的安装（7）

⑦如图2-72所示,在活塞压缩上止点(TDC)位置时,重新检查每个正时标记。

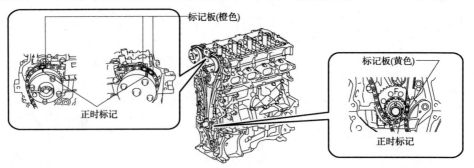

图2-72　正时链的安装(8)

(4)安装链条张紧器导板,如图2-61所示。

(5)安装正时链条盖油封。

①如图2-73所示,用SST敲入一个新油封,直到其表面与正时链轮箱边缘齐平。

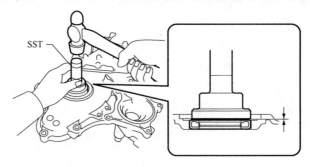

图2-73　正时链的安装(9)

②在油封唇口上涂抹一薄层通用润滑脂。

使唇口远离异物,不要斜敲油封,确保油封边缘不伸出正时链条盖。

(6)安装正时链条盖分总成。

(7)安装曲轴传动带轮。

(8)安装1号链条张紧器总成。

①松开棘轮爪,然后完全推入柱塞,将挂钩固定在销上以使柱塞位于图2-74所示位置。

确保凸轮固定在柱塞的第一个齿上,使挂钩穿过销。

②如图2-75所示,用2个螺母安装一个新衬垫、支架和1号链条张紧器,拧紧力矩:10N·m。

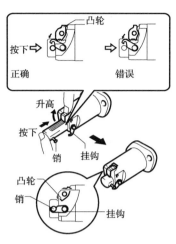

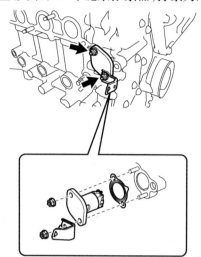

图2-74 正时链的安装(10)　　　　图2-75 正时链的安装(11)

注意

如果安装链条张紧器时挂钩松开柱塞,重新固定挂钩。

③如图2-76所示,逆时针转动曲轴,然后从挂钩上断开柱塞销。
④如图2-77所示,顺时针转动曲轴,然后检查并确认柱塞伸出。
(9)安装汽缸盖罩衬垫,如图2-47所示。

注意

清除接触面的所有机油。

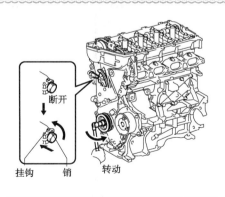

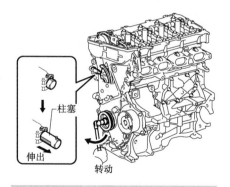

图2-76 正时链的安装(12)　　　　图2-77 正时链的安装(13)

(10)安装汽缸盖罩分总成。

①将3个新衬垫安装至1号凸轮轴轴承盖,如图2-46所示。

②如图2-78所示,涂抹密封胶。

清除接触面的所有机油。涂抹密封胶后3min内安装汽缸盖罩,并在15min内紧固螺栓。安装后至少2h内不要起动发动机。

③用1个新密封垫圈和13个螺栓安装汽缸盖罩(图2-45),拧紧力矩:10N·m。

(11)安装收音机设置调相器。用螺栓安装收音机设置调相器(图2-44),拧紧力矩:10N·m。

(12)安装节温器。

①将新衬垫安装在节温器上。

②将节温器安装到进水口上。

钩阀可设置在规定位置两侧10°范围内,如图2-79所示。

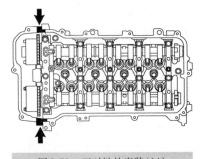

图2-78 正时链的安装(14)

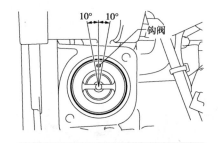

图2-79 正时链的安装(15)

(13)安装进水口。用2个螺母安装进水口(图2-42),拧紧力矩:10N·m。

(14)安装进水软管。用2个卡夹安装进水软管,如图2-41所示。

(15)安装水旁通软管。用卡夹安装水旁通软管。

(16)安装1号水旁通管。用2个螺栓安装1号水旁通管(图2-40),拧紧力矩:21N·m。

(17)安装3号水旁通软管。将3号水旁通软管连接至进水口壳体,如图2-39所示。

(18)安装通风软管。

(19)安装排气歧管。将新衬垫安装到排气歧管上,用5个螺母安装排气歧管(图2-38),拧紧力矩:21N·m。

(20)安装歧管撑条。用3个螺栓安装歧管撑条(图2-37),拧紧力矩:43N·m。

(21)安装排气歧管1号隔热罩。用4个螺栓安装排气歧管隔热罩(图2-36),拧紧力矩：12N·m。

（22）安装机油尺分总成。在新O形圈上涂抹机油，用螺栓安装机油尺，使之穿过新O形圈（图2-35），拧紧力矩：21N·m。

（23）安装点火线圈总成。用4个螺栓安装4个点火线圈，拧紧力矩：10N·m。

（24）安装喷油器总成。

①如图2-80所示，将新喷油器隔振垫安装到喷油器总成上。在喷油器总成O形圈接触面上涂抹一薄层机油或锭子油。

②如图2-81所示，向左和向右转动喷油器总成，以将其安装到输油管分总成上。

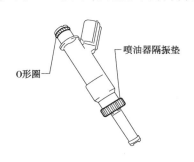

图2-80　正时链的安装(16)

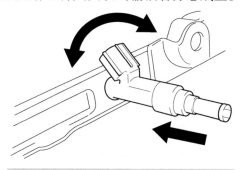

图2-81　正时链的安装(17)

不要扭曲O形圈。安装喷油器后，检查并确认它们可以平稳转动。如果不能平稳转动，换上新的O形圈。

（25）安装1号输油管隔垫。将2个1号输油管隔垫安装到汽缸盖上，如图2-31所示。

以正确方向安装1号输油管隔垫。

（26）安装输油管分总成。

①安装输油管分总成和4个喷油器总成，然后暂时安装2个螺栓，如图2-29所示。

安装输油管分总成时不要掉落喷油器。安装输油管分总成后，检查并确认喷油器总成转动平稳。

②将2个螺栓紧固至规定力矩，拧紧力矩：21N·m。

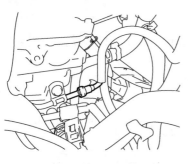

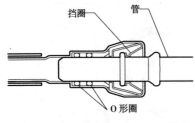

图 2-82 正时链的安装(18)

③安装螺栓以固定输油管分总成(图 2-28),拧紧力矩:21N·m。

④用螺栓安装线束支架,如图 2-27 所示。

(27)安装燃油管分总成。

①如图 2-82 所示,将燃油管分总成插接器插入输油管,直到听到"咔嗒"声。

②安装新的 2 号燃油管卡夹,如图 2-26 所示。

(28)安装进气歧管。

①将新衬垫安装到进气歧管上。

②用 4 个螺栓和 2 个螺母安装进气歧管和进气歧管撑条(图 2-25),拧紧力矩:28N·m。

③连接 2 根水旁通软管,如图 2-24 所示。

④将通风软管连接到进气歧管上。

⑤用 2 个螺栓安装进气管,拧紧力矩:10N·m。

⑥安装线束支架,拧紧力矩:10N·m。

三、评价与反馈

(1)对本学习任务进行评价,见表 2-2。

评 分 表　　　　　　　　　表 2-2

考核项目	评分标准	分数	学生自评	小组评价	教师评价	小计
团队合作	是否协调	5				
活动参与	是否积极主动	5				
安全生产	有无安全隐患	10				
现场5S	是否做到	10				
任务方案	是否正确、合理	15				
操作过程	检查、更换正时带;检查、更换正时链	30				
任务完成情况	是否圆满完成	5				
工具和设备使用	是否规范、标准	10				
劳动纪律	是否能严格遵守	5				
工单填写	是否完整、规范	5				
总分		100				
教师签名:			年　月　日		得分	

(2)在实施作业时,每一个安全事项都注意到了吗?如果没有,找出忽略的地方和原因。

(3)能否向车主解释检查、调整和更换正时带的过程？如果不能,分析原因并提出改进措施。

四、学习拓展

(1)查阅科鲁兹(1.6L)乘用车维修手册,比较科鲁兹(1.6L)乘用车与桑塔纳2000GSi乘用车在正时标记对正方法及正时带的张紧方法上有什么不同。

(2)查阅波罗乘用车维修手册,比较波罗乘用车与卡罗拉(1.6L)乘用车在正时链的布置形式及正时标记的对正方法上有什么不同。

学习任务三

发动机动力不足的检修(一)

学习目标

完成本学习任务后,你应当能:
1. 叙述发动机的基本术语及发动机的基本工作原理;
2. 明确发动机曲柄连杆机构的功用及各零部件的结构特点;
3. 明确发动机动力不足的原因;
4. 读懂给定的"发动机动力不足的检修工艺流程",并能按该工艺流程进行检修;
5. 正确地使用工具和设备;
6. 规范地进行发动机汽缸压力测试,并对测量结果进行分析;
7. 规范地对曲柄连杆机构进行拆卸、检查和安装。

 建议完成本学习任务的时间为 **18** 课时。

 学习任务描述

一辆卡罗拉(1.6L)乘用车,行驶了 120000km,到维修站检查,车主反映该车最近特别费油且加速无力,要求维修人员对车辆发动机进行检查,找出故障原因并进行维修。

学习任务三　发动机动力不足的检修(一)

学习内容

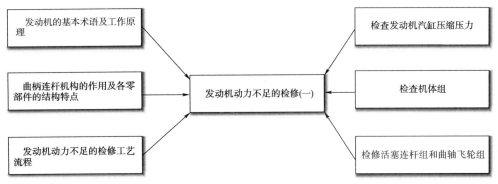

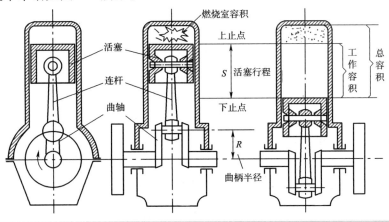
一、资料收集

引导问题 1　发动机基本术语有哪些?

发动机基本术语如图 3-1 所示。

图 3-1　发动机基本术语

(1)上止点。上止点是指活塞离曲轴回转中心最远处,即活塞的最高位置。
(2)下止点。下止点是指活塞离曲轴回转中心最近处,即活塞的最低位置。
(3)活塞行程(S)。上止点与下止点之间的距离称为活塞行程。
(4)曲柄半径(R)。曲轴与连杆下端的连接中心至曲轴中心的距离(即曲轴的回转半径)称为曲柄半径。活塞行程是曲柄半径的 2 倍,即 $S=2R$。
(5)汽缸工作容积(V_h)。活塞从一个止点运动到另一个止点所扫过的容积称为汽缸工作容积或汽缸排量,即

$$V_h = \frac{\pi D^2 S}{4} \times 10^{-6}$$

式中：D——汽缸直径(mm)；

S——活塞行程(mm)。

(6)燃烧室容积(V_c)。活塞在上止点时，活塞顶与汽缸盖之间的容积称为燃烧室容积。

(7)汽缸总容积(V_a)。活塞在下止点时，活塞顶上方的容积称为汽缸总容积。显然，汽缸总容积是汽缸工作容积与燃烧室容积之和，即

$$V_a = V_c + V_h$$

式中：V_c——燃烧室容积(L)；

V_h——汽缸工作容积(L)。

(8)发动机排量(V_L)。多缸发动机各汽缸工作容积的总和称为发动机排量，即

$$V_L = V_h i = \frac{\pi D^2 S i}{4} \times 10^{-6}$$

式中：V_h——汽缸工作容积(L)；

i——汽缸数目。

(9)压缩比(ε)。汽缸总容积与燃烧室容积之比称为压缩比，即

$$\varepsilon = \frac{V_a}{V_c} = \frac{V_h + V_c}{V_c} = 1 + \frac{V_h}{V_c}$$

式中：V_a——汽缸总容积(L)；

V_h——汽缸工作容积(L)；

V_c——燃烧室容积(L)。

压缩比表示活塞由下止点运动到上止点时，汽缸内的气体被压缩的程度。压缩比越大，压缩终了时汽缸内气体的压力和温度越高。目前，一般汽车用汽油机的压缩比为6~11，柴油机的压缩比一般为16~22。

(10)工作循环。在汽缸内进行的每一次将燃料燃烧的热能转变成机械能的一系列连续过程(进气、压缩、做功、排气)称为发动机的一个工作循环。

引导问题2　四冲程发动机的工作原理是什么？

1　单缸四冲程汽油机的工作原理

四冲程汽油机每一个工作循环包括4个活塞行程，即进气行程、压缩行程、做功行程和排气行程，如图3-2所示。

(1)进气行程。在进气行程中，活塞在曲轴和连杆的带动下由上止点向下止点运行，这时进气门开启，排气门关闭。在活塞由上止点向下止点运动过程中，由于活塞上方汽缸容积逐渐增大，形成一定的真空度。这样，可燃混合气通过进气歧管、进气门被吸入汽缸。当活塞到达下止点时，进气门关闭，停止进气。

(2)压缩行程。活塞在曲轴和连杆的带动下由下止点向上止点运动，此时进、排气门处

于关闭状态。由于活塞上方汽缸容积逐渐减小,进入汽缸内的可燃混合气被压缩,温度和压力不断升高,直到活塞到达上止点为止,此时,可燃混合气被压缩到活塞上方的燃烧室中。

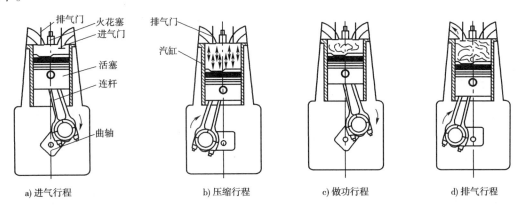

图3-2 四冲程汽油机工作原理示意图

压缩终了时可燃混合气的压力和温度取决于压缩比。压缩比越大,燃烧速度越快,因而发动机发出的功率便越大,经济性越好。但压缩比过大时,不仅不能进一步改善燃烧,反而会出现爆震和表面点火等不正常燃烧现象。

爆震是由于气体压力和温度过高,在燃烧室内离点火中心较远及具有高温处(如排气门头部、火花塞电极和积炭处)可燃混合气自燃而造成的一种不正常燃烧。爆震时,火焰以极高的速率向外传播,由于温度和压力急剧升高,形成压力波,以声速向外推进。这种压力波撞击燃烧室壁时便发出尖锐的敲击声。爆震还会引起发动机过热、功率下降、工作不稳定、燃油消耗率增加等一系列不良后果。严重时会造成气门烧毁、轴承破裂、火花塞绝缘体击穿等零件损坏现象。

表面点火是由于燃烧室内炽热表面与炽热处(如排气门头部、火花塞绝缘体、零件表面炽热的沉积物等)点燃混合气的现象。表面点火发生时,会伴有沉闷的金属敲击声音,所产生的高压会使发动机零件负荷增加,活塞和连杆损坏及气门、火花塞、活塞等零件过热,导致发动机寿命降低。

(3)做功行程。当活塞运动到接近压缩行程上止点附近时,火花塞跳火点燃汽缸内的可燃混合气。这时由于进气门和排气门均处于关闭状态,使缸内气体温度和压力同时升高,高温高压的气体膨胀,推动活塞由上止点向下止点运动,并通过连杆带动曲轴旋转输出机械能,直到活塞到达下止点时,做功行程结束。

(4)排气行程。在做功行程结束后,汽缸内的可燃混合气通过燃烧转变为废气,此时排气门开启,进气门处于关闭状态,活塞在曲轴和连杆的带动下由下止点向上止点运动,废气在自身残余压力和活塞的推力作用下从汽缸内经排气门排出,直到活塞到达上止点时,排气行程结束。

排气行程结束后,进气门再次开启,又开始下一个工作循环。如此周而复始,发动机就连续运转了。发动机工作时,需要连续不断地进行循环,在每个循环中都是依次完成进气、压缩、做功、排气4个活塞行程。

2 单缸四冲程柴油机的工作原理

四冲程柴油机工作原理如图 3-3 所示。与四冲程汽油机一样，四冲程柴油机每个工作循环也是由进气、压缩、做功和排气 4 个活塞行程组成。但由于柴油和汽油使用性能的不同，柴油机在可燃混合气的形成方式、着火方式等方面与汽油机有着较大的区别。这里主要介绍四冲程柴油机与四冲程汽油机工作原理的不同之处。

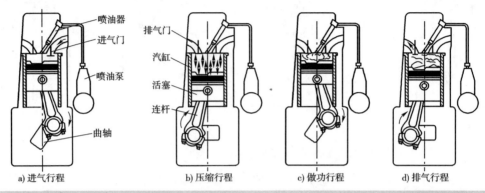

图 3-3 四冲程柴油机工作原理示意图

（1）进气行程。柴油机在进气行程中进入汽缸的是纯空气，而不是可燃混合气。

（2）压缩行程。柴油机在压缩行程中压缩的是进气行程进入汽缸内的纯空气。由于柴油机压缩比高，压缩终了时缸内气体的温度和压力均高于汽油机。

（3）做功行程。柴油机做功行程与汽油机做功行程有很大区别。在压缩行程接近上止点时，喷油泵泵出的高压柴油（10MPa 以上）经喷油器呈雾状喷入汽缸内的高温空气中，柴油迅速吸热、蒸发、扩散与空气混合形成可燃混合气。由于此时汽缸内的温度远高于柴油的自燃温度（220℃左右），形成的可燃混合气自行着火燃烧，在高压气体推动下，活塞向下运动并带动曲轴旋转而做功。

（4）排气行程。柴油机的排气行程与汽油机的排气行程基本相同。

柴油机与汽油机相比，压缩比高，燃油消耗率低，故燃油经济性较好，环保性也较好，且柴油机没有电气和点火系统的故障。但柴油机转速低、质量大、制造和维修费用高。柴油机的这些缺点逐渐得到克服，其应用越来越广，目前部分乘用车也采用柴油机。

3 工作循环的特点

由上述单缸四冲程汽油机和单缸四冲程柴油机的工作原理可知，四冲程发动机工作循环具有以下特点：

（1）每完成一个工作循环曲轴旋转 2 圈（720°），每一行程曲轴旋转半圈（180°）。进气行程中进气门开启，排气门关闭；排气行程中排气门开启，进气门关闭；其余 2 个行程进、排气门均关闭。

（2）在 4 个活塞行程中，只有做功行程产生动力，其余 3 个活塞行程则是为做功行程作准备的辅助行程，都要消耗动力。虽然做功行程是主要的，但其他 3 个行程也是必不可少的。

4 多缸四冲程发动机的工作原理

由于单缸四冲程发动机每个工作循环所经历的4个活塞行程中,只有做功行程为有效行程,其他3个行程为消耗机械功的辅助行程。这样,发动机曲轴在做功行程中的转速快,在其他行程中转速慢。所以,一个工作循环中曲轴的转速是不均匀的。为了保证发动机运转平稳,现代汽车发动机都采用多缸四冲程发动机,应用最多的是四缸、六缸和八缸发动机。

多缸四冲程发动机每个汽缸所经历的工作循环与单缸四冲程发动机相同,但各缸的做功行程并非同时进行,而是按一定顺序进行。因此,对多缸四冲程发动机来说,曲轴每转两周,各缸分别做功一次,且各缸做功间隔角(以曲轴转角表示)保持一致。对于缸数为 i 的四冲程直列式发动机而言,做功间隔角为 $720°/i$,表3-1 和表3-2 为直列四缸和六缸发动机做功循环表。汽缸数越多,发动机工作越平稳,但结构也越复杂。

直列四缸发动机工作循环表(发火顺序1—2—4—3)　　　　　表3-1

曲轴转角(°)	第1缸	第2缸	第3缸	第4缸
0～180	做功	压缩	排气	进气
180～360	排气	做功	进气	压缩
360～540	进气	排气	压缩	做功
540～720	压缩	进气	做功	排气

直列六缸发动机工作循环表(发火顺序1—5—3—6—2—4)　　表3-2

曲轴转角(°)		第1缸	第2缸	第3缸	第4缸	第5缸	第6缸
0～180	0 60 120	做功	排气	进气 压缩	做功 排气	压缩	进气
180～360	180 240 300	排气	进气	压缩	进气	做功 压缩	排气
360～540	360 420 480	进气	压缩	做功	进气	排气	做功
540～720	540 600 660 720	压缩	做功 进气 排气	进气 做功	排气 做功	进气	排气 压缩

引导问题3 ▶ **引起发动机动力不足的原因有哪些?**

引起发动机动力不足的原因有许多,归结起来主要有以下几个原因:

(1)控制系统故障。现在的发动机都采用电脑(ECU)控制系统,如果控制系统的传感器传给电脑的信号不准确,电脑(ECU)会根据不准确的信号控制发动机工作,这样就会导致发动机工作性能不良,动力性下降。

(2)燃油供给系统故障。燃油供给系统的电动燃油泵、喷油器出现磨损、堵塞等情况,都会导致发动机供油不足,使发动机的动力下降。

(3)点火系统故障。点火系统的高压线出现老化、火花塞电极间隙发生变化等,都有会导致发动机点火能量不足,使发动机动力下降。

(4)发动机机械系统故障。影响发动机动力的机械系统故障主要指发动机密封不严、发动机汽缸盖变形、汽缸垫损坏、配气机构出现磨损、活塞连杆机构出现磨损、进排气系统堵塞等,上述故障都会导致发动机动力下降。对于行驶里程长的车辆,发动机机械系统出现故障的可能性较大。

引导问题4 曲柄连杆机构的功用是什么?由哪几部分组成?

曲柄连杆机构是往复活塞式内燃机将热能转变为机械能的主要机构,其功用是把燃气作用在活塞顶面上的压力转变为曲轴的转矩,向外输出动力。

曲柄连杆机构由机体组、活塞连杆组和曲轴飞轮组3部分组成,如图3-4所示。

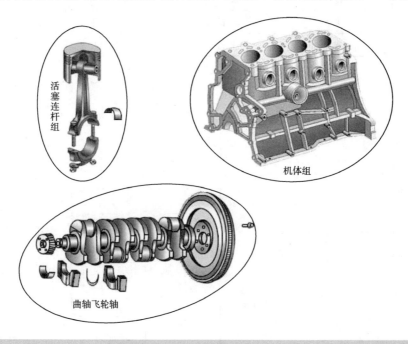

图3-4 曲柄连杆机构的组成

引导问题5 机体组由哪些零部件组成?各零部件的结构特点有哪些?

发动机机体组是发动机的骨架,是发动机各机构和系统的装配基体。机体组主要由汽缸盖罩、汽缸盖、汽缸垫、汽缸体、曲轴箱和油底壳等组成,如图3-5所示。

图3-5 机体组

1 汽缸盖

汽缸盖用来封闭汽缸的上部,并与活塞顶和汽缸壁共同构成燃烧室。在汽缸盖上加工有气门座、气门导管孔、凸轮轴安装座孔、火花塞座孔(汽油机)或喷油器座孔(柴油机)、与汽缸体相通的冷却水套、润滑油道等。图3-6所示为发动机的汽缸盖分解图。

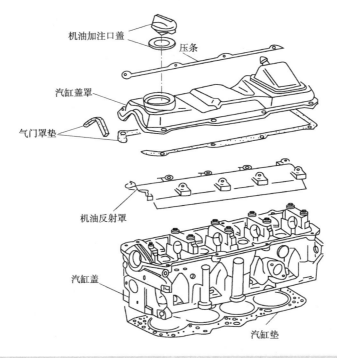

图3-6 汽缸盖分解图

2 汽缸盖罩

汽缸盖罩(图3-6)位于汽缸盖上部,起密封及防尘作用,一般由薄钢板冲压而成,其上设有机油加注口。

3 燃烧室

汽油机的燃烧室是当活塞位于上止点时,由活塞顶部及汽缸盖上相应的凹部空间组成。

汽油机常用燃烧室如图 3-7 所示。

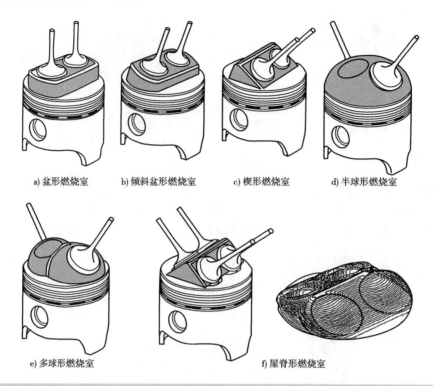

a) 盆形燃烧室　　b) 倾斜盆形燃烧室　　c) 楔形燃烧室　　d) 半球形燃烧室

e) 多球形燃烧室　　　　　　　　　f) 屋脊形燃烧室

图 3-7　汽油机燃烧室

（1）盆形燃烧室。盆形燃烧室上面有进气门、排气门，弯曲的进气歧管和排气管，容易产生进气涡流，但进气效率较低。

（2）倾斜盆形燃烧室。燃烧室上部是倾斜的，能产生较大的压缩比。

（3）楔形燃烧室。楔形燃烧室具有可以产生高压缩比、容易产生进气涡流等优点。其燃烧室表面积大，可以防止异常燃烧，但热损失大。

（4）半球形燃烧室。在燃烧室容积相同的情况下，半球形燃烧室的表面积最小，因此具有良好的热效率。火花塞置于燃烧室最高点，因此能让火焰快速扩张并充满整个燃烧室，能防止爆震。

（5）多球形燃烧室。多球形燃烧室是由 2 个半球组合而成的，进、排气门大，易产生进气涡流。但由于表面积增大了，热效率比半球形燃烧室差。

（6）屋脊形燃烧室。屋脊形燃烧室形状像三角房屋的屋顶一样，其容积小、燃料经济性好、输出功率大，能产生强烈的进气涡流，是高压缩比、高性能的燃烧室。

4　汽缸垫

汽缸体与汽缸盖间装有汽缸垫（图 3-8），用来保证汽缸体与汽缸盖接合面间的密封，防止气体、冷却液和润滑油等泄漏。汽缸垫的材料应具有一定的弹性，目前，应用的汽缸垫主要有金属—石棉衬垫、金属—复合材料衬垫和纯金属衬垫等多种形式。

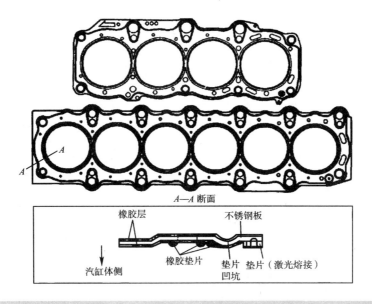

图 3-8　汽缸垫

5 汽缸体

发动机的汽缸体和曲轴箱常制成一体,而且多缸发动机的各个汽缸也合铸成一个整体(图 3-9),称为汽缸体—曲轴箱,简称汽缸体。汽缸体上半部有若干个为活塞在其中运动导向的圆柱形空腔,称为汽缸。下半部为支撑曲轴的曲轴箱,其内腔为曲轴旋转的空间。

(1)汽缸的排列方式。根据汽缸排列形式不同,汽缸体分为直列式、V形和对置式等形式。

①直列式汽缸体。直列式汽缸体的各汽缸排成一直列(图 3-10),其特点是机体的宽度小而高度和长度大,一般只用于六缸以下的发动机,通常把采用直列式汽缸排列的发动机称为直列式发动机。

②V形汽缸体。V形汽缸体的两列汽缸排成V形(图 3-11),V形汽缸体宽度大,而长度和高度小,形状比较复杂,但汽缸体的刚度大,质量和外形尺寸较小,多用于六缸以上大功率发动机上,通常把此种发动机称为V形发动机。V形发动机的打开角度被称为V形汽缸夹角,为了平衡,V8 发动机的汽缸夹角最好为 60°,V6 发动机的汽缸夹角最好为 90°。

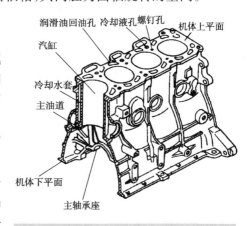

图 3-9　发动机的汽缸体

③对置式汽缸体。对置式汽缸体是指两列汽缸水平相对排列(图 3-12),其优点是重心低,而且对置式发动机的平衡性较好。

(2)曲轴箱的结构形式。曲轴箱有平分式、龙门式和隧道式三种结构形式,如图 3-13 所示。

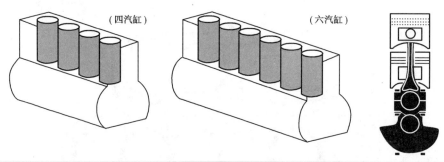

图 3-10　直列式汽缸体

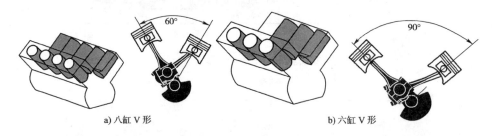

a) 八缸 V 形　　　　　　　　b) 六缸 V 形

图 3-11　V 形汽缸体

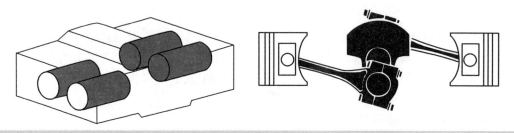

图 3-12　对置式汽缸体

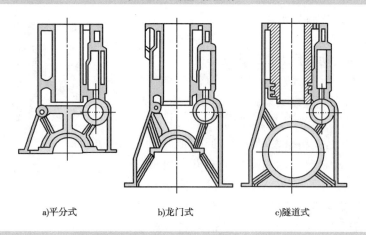

a) 平分式　　　b) 龙门式　　　c) 隧道式

图 3-13　曲轴箱的结构形式

① 平分式。曲轴箱底平面与曲轴中心线平齐的为平分式曲轴箱，此结构形式便于加工，多用于中小型发动机上。

②龙门式。曲轴箱下平面位于曲轴中心线以下的为龙门式曲轴箱,此结构形式强度和刚度均比平分式大,但工艺性较差,多用于大中型发动机。

③隧道式。隧道式曲轴箱的主轴承座孔为整体式,其强度和刚度最高,但工艺性差,只用于少数机械负荷较大、采用组合式曲轴的发动机。

(3)汽缸体的冷却。发动机汽缸体可采用水冷和风冷两种冷却方式,如图3-14所示。目前发动机上多采用水冷的方式,利用水套中的冷却液流过高温零件的周围而带走多余的热量。风冷发动机一般将汽缸体与曲轴箱分开铸造,为增强散热效果,在汽缸体与汽缸盖的外表面铸有散热片。

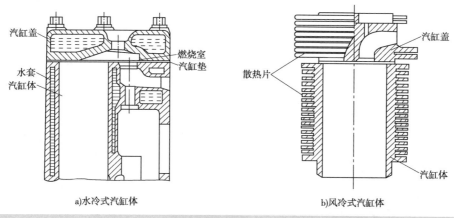

图3-14 汽缸体的冷却

(4)汽缸套。某些乘用车发动机采用合金铸铁无汽缸套式的汽缸体,即不镶嵌任何汽缸套,在汽缸体上直接加工出汽缸。这样可以缩短汽缸中心距,减少汽缸体的尺寸和质量,刚度大,工艺性好。但是为了保证汽缸的耐磨性,整个汽缸体必须采用耐磨的合金铸铁制造,成本较高。

现代汽车多采用在汽缸体内镶入耐磨性较好的汽缸套,延长汽缸的使用寿命。根据是否与冷却液相接触,汽缸套分为干式汽缸套和湿式汽缸套,如图3-15所示。

①干式汽缸套。汽缸套的外表面不直接与冷却液接触的称为干式汽缸套,如图3-15a)所示。

②湿式汽缸套。湿式汽缸套外表面直接与冷却液接触,如图3-15b)所示。大多数湿式汽缸套装入后,其顶面一般高出汽缸体0.05~0.15mm,这样在紧固汽缸盖螺栓时,可将汽缸垫压得更紧,以保证汽缸的密封性,防止漏水、漏气。

6 油底壳

油底壳(图3-16)的作用是储存机油并封闭曲轴箱。一般为薄钢板冲压而成。在有的发动机上,为达到良好的散热效果,采用了铝合金铸造的油底壳,在油底壳的底部还铸有散热片。为保证发动机纵向倾斜时机油泵仍能吸到机油,油底壳中部或后部制作得较深。有时在油底壳中还设有挡油板,以减轻油面波动。底部装有磁性的放油螺塞,以吸附机油中的铁屑,减少发动机的磨损。

引导问题6　活塞连杆组由哪些零部件组成，各零部件的结构特点有哪些？

活塞连杆组主要由活塞、活塞环、活塞销和连杆等部件组成，如图3-17所示。

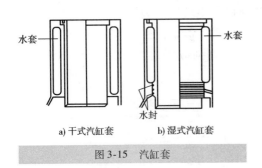

图3-15　汽缸套

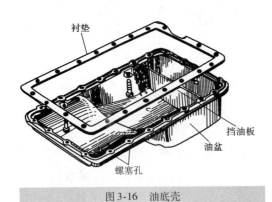

图3-17　活塞连杆组

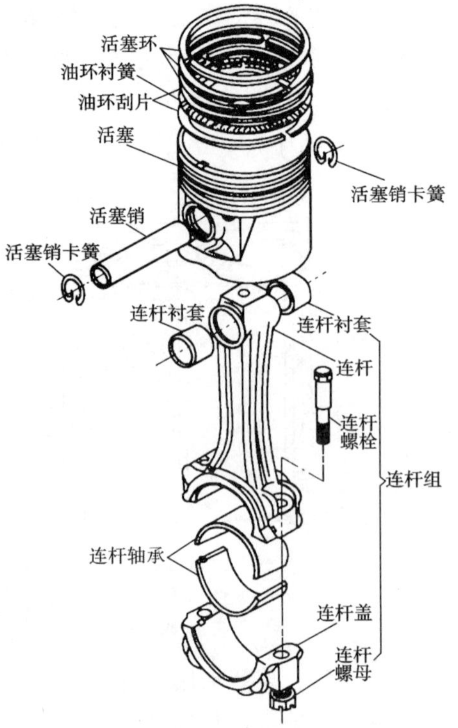

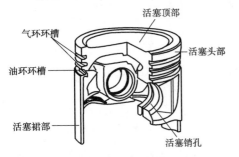

图3-16　油底壳

1 活塞

活塞的主要功用是承受汽缸中的燃烧压力，并将此力通过活塞销和连杆传递给曲轴。此外，活塞还与汽缸盖和汽缸壁共同组成燃烧室。

活塞是由活塞顶部、活塞头部和活塞裙部3部分组成，如图3-18所示。

（1）活塞顶部。活塞顶部是燃烧室的组成部分，其形状与选用的燃烧室的形式有关。汽油机活塞顶有平顶、凹顶和凸顶等形式，如图3-19所示。

（2）活塞头部。活塞头部是指活塞顶至最下面一道活塞环槽之间的部分，其作用是承受气体压力、防止漏气、将热量通过活塞环传给汽缸壁。活塞头部切有若干环槽，用以安装活塞环。上面的2～3道槽用来安装气环，下面的一道槽用来安装油环。油环槽的底部钻有若干个小孔，以使油环从汽缸壁上刮下的多余机油经此流回油底壳。

图3-18　活塞的基本结构

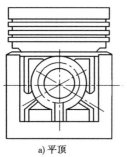 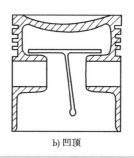 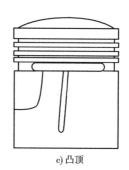

a) 平顶　　　　　　　　b) 凹顶　　　　　　　　c) 凸顶

图 3-19　活塞顶的形状

（3）活塞裙部。活塞环槽以下的所有部分称为活塞裙部,其作用是引导活塞在汽缸中作往复运动,并承受侧压力。按裙部结构形式的不同,活塞可分为拖板式和筒式。拖板式活塞的裙部下端沿销座轴线方向去掉一部分（图 3-20）,这种结构是在行程较小的发动机上为防止活塞与曲轴上的平衡重相碰而设计的。行程较大的发动机则一般采用全裙式活塞（图 3-19）,又称筒式活塞。

发动机工作时,由于气体压力和活塞销座处金属较多的影响,活塞裙部沿活塞销轴线方向膨胀量较大,所以在常温下,活塞裙部截面形状呈椭圆形,如图 3-21 所示,椭圆形长轴垂直于活塞销方向,其目的是保证在热态下活塞与汽缸的配合间隙均匀。

图 3-20　拖板式活塞裙部

此外,发动机工作中,由于活塞的温度从上到下逐渐降低,膨胀量逐渐减小,所以在常温下,活塞裙部的直径是上小下大,如图 3-22 所示。

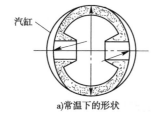 

a) 常温下的形状　　　　　　　b) 热态下的形状

图 3-21　活塞裙部截面形状

考虑轻量化和防止热膨胀,有些活塞裙部开了细长隔热槽和膨胀槽（图 3-23）,热膨胀的时候这些槽会变窄。活塞裙部开槽会降低其强度和刚度,一般只适用于负荷较小的发动机。

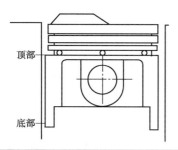 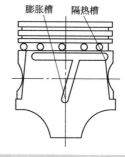

图 3-22　常温下活塞裙部的直径是上小下大　　　图 3-23　活塞裙部的隔热槽和膨胀槽

2 活塞环

活塞环包括气环和油环两种,如图 3-24 所示。

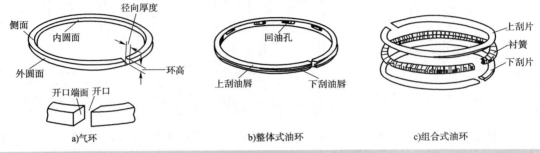

图 3-24　活塞环

(1) 气环。气环又称压缩环,其作用是保证活塞与汽缸壁间的密封,防止汽缸中的高温、高压燃气大量漏入曲轴箱,同时它还将活塞头的热量传导给汽缸壁。一般发动机上每个活塞装有 2~3 道气环。

(2) 油环。油环有整体式油环和组合式油环两种,其作用是刮除汽缸壁上多余的机油,并在汽缸壁布油。通常发动机的每个活塞装有 1 道油环,也有个别发动机活塞在裙部上还装有 1 道油环。

活塞环连同活塞一起装入汽缸后会形成"三隙",即端隙 $\Delta 1$、侧隙 $\Delta 2$ 和背隙 $\Delta 3$,如图 3-25 所示。"三隙"的大小决定着活塞环的工作性能。活塞环装入汽缸时,其开口方向一定要按规定要求安装,须错开相同的角度安装。

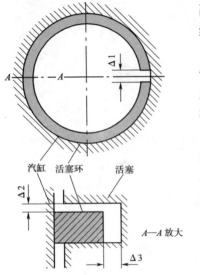

图 3-25　活塞环的"三隙"

3 活塞销

活塞销的功用是连接活塞和连杆小头,将活塞所承受的气体压力传给连杆。活塞销常见的结构形式如图 3-26 所示。

活塞销与活塞销座孔和连杆小头衬套孔的连接配合方式有两种,即全浮式和半浮式,如图 3-27 所示。

图 3-26　活塞销的结构

(1) 全浮式。全浮式活塞销能在连杆小头衬套孔和活塞销座孔内作自由转动,可以保证活塞销沿圆周磨损均匀,因此应用较普遍。为防止活塞销轴向窜动而损坏汽缸壁,在活塞销座两端装有弹性卡环来限位。

（2）半浮式。半浮式活塞销是用螺栓将活塞销夹紧在连杆小头孔内,这时活塞销只在活塞销孔内转动,在连杆小头孔内不转动。因而连杆小头孔内不装衬套,活塞销座孔孔内也不装挡圈。

4 连杆

连杆的功用是将活塞承受的力传给曲轴,推动曲轴转动,将活塞的往复运动转变为曲轴的旋转运动。

连杆的结构如图 3-28 所示,由连杆小头、杆身和连杆大头 3 部分组成。

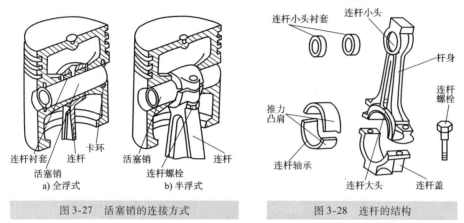

图 3-27 活塞销的连接方式

图 3-28 连杆的结构

引导问题 7 曲轴飞轮组由哪些零部件组成？各零部件的结构特点有哪些？

曲轴飞轮组主要由曲轴、飞轮、正时齿轮或正时链轮、传动带轮及曲轴扭转减振器等组成,图 3-29 所示为发动机的曲轴飞轮组结构图。

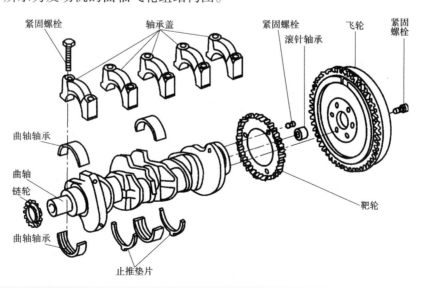

图 3-29 发动机曲轴飞轮组

1 曲轴

曲轴的主要功用是将活塞连杆组传来的气体压力转变为转矩,然后通过飞轮输出。另外还用来驱动发动机的配气机构以及其他辅助装置(如发电机、风扇、水泵和转向油泵等)。

曲轴一般由主轴颈、连杆轴颈、曲柄、平衡块、前端轴和后端凸缘等组成,如图3-30所示。主轴颈是曲轴的支承部分,按曲轴的主轴颈数量的不同,可将曲轴分为全支承曲轴和非全支承曲轴。在相邻的2个连杆轴颈之间,都设有主轴颈的曲轴称全支承曲轴,否则称为非全支承曲轴。显然全支承曲轴的主轴颈数比连杆轴颈数多一个,而非全支承曲轴的主轴颈数等于或少于连杆轴颈数。

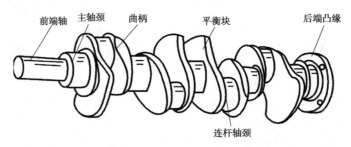

图3-30 曲轴的结构

一个连杆轴颈和它两端的曲柄及相邻2个主轴颈构成一个曲拐。曲拐的数目取决于发动机的汽缸数目及其排列方式,直列发动机的曲拐数等于汽缸数,而V形发动机和对置式发动机的曲拐数为汽缸数的一半。

曲轴前端是指第一道主轴颈之前的部分,装有正时齿轮、传动带轮和扭转减振器等。曲轴后端是最后一道主轴颈之后的部分,在其后端为安装飞轮的凸缘。

2 曲轴轴承

曲轴轴承(主轴承)通常为分开的滑动轴承,按其承载方向可分为径向轴承和轴向(推力)轴承。轴承具有钢背,轴承表面为铜—铅、巴比合金、铝或锡等软金属,轴承上有定位凸起、轴承上加工有油槽和油孔,如图3-31所示。

为了防止曲轴发生前后轴向移动,通常采用推力轴承或推力垫片对曲轴进行轴向定位,如图3-32所示。

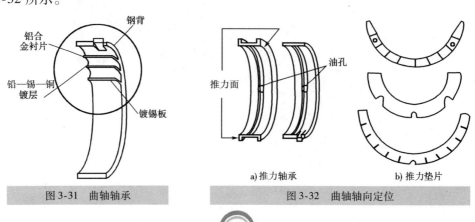

图3-31 曲轴轴承　　图3-32 曲轴轴向定位

3 扭转减振器

在曲轴的前端加装扭转减振器(图3-33),作用是吸收曲轴扭转振动的能量,消减扭转振动,避免发生共振。

4 飞轮

飞轮是一个转动惯量很大的圆盘,其主要功用是储存做功行程的一部分能量,以克服各辅助行程的阻力,使曲轴均匀旋转,使发动机具有克服短时超载的能力。此外,飞轮还作为汽车传动系统中摩擦离合器的主动盘。

发动机飞轮的构造如图3-34所示。在飞轮的外缘上镶有齿圈,起动时起动机上的齿轮与之啮合,供发动机起动用。

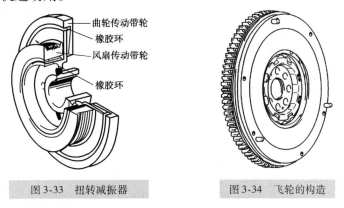

图3-33 扭转减振器　　图3-34 飞轮的构造

引导问题8　发动机动力不足的检修工艺流程如何?

发动机动力不足的检修工艺流程如图3-35所示。

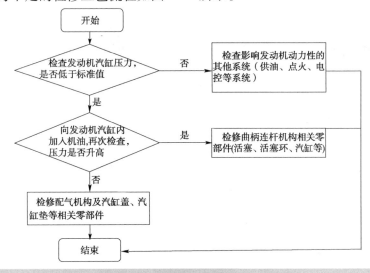

图3-35 发动机动力不足的检修工艺流程

二、实施作业

引导问题9 ▶ 作业需要哪些工具、设备和材料?

(1) 普通工具:组合扳手、螺丝刀、钳子、扭力扳手、胶带、铰刀、活塞环扩张器、活塞安装工具、铜棒、衬垫刮刀、环槽清洁工具、刷子、溶剂和 V 形块等,如图 3-36 所示。

a) 活塞环扩张器

b) 活塞安装工具

图 3-36　活塞环扩张器和活塞安装工具

(2) 专用工具:SST09213-58013 曲轴传动带轮固定工具、SST09330-00021 接合法兰固定工具、SST09051-1C110 塑料锤 420g、SST09268-21010 燃油软管拉出器、SST09950-50013 拉出器 C 组件、"TORX" 套筒扳手 (E8)、SST09223-22010 曲轴前油封拆装工具和 SST09205-16010 汽缸盖螺栓扳手等。

(3) 检测工具:百分表、塑料间隙规、精密直尺、量缸表、汽缸压力表、外径千分尺、塞尺、测径规、游标卡尺和连杆校准器等,如图 3-37 所示。

a) 汽缸压力表

b) 量缸表

c) 外径千分尺

图 3-37　汽缸压力表、量缸表和外径千分尺

(4) 磁力护裙(图 1-15)、转向盘护套、变速杆手柄套、脚垫和座椅套。
(5) 举升机、卡罗拉(1.6L)乘用车(图 1-16)。
(6) 丰田原厂黑密封胶、丰田原厂黏合剂和丰田专用机油等。
(7) 卡罗拉(1.6L)乘用车维修手册。

学习任务三　发动机动力不足的检修（一）

引导问题 10　通过查询和查找，填写以下信息。

生产年份＿＿＿＿＿＿＿，车牌号码＿＿＿＿＿＿＿，行驶里程＿＿＿＿＿＿＿，发动机型号及排量＿＿＿＿＿＿＿，车辆识别代码（VIN）＿＿＿＿＿＿＿。

引导问题 11　作业前的准备工作有哪些？

（1）汽车进入工位前，将工位清理干净，准备好相关的器材。
（2）将汽车停驻在举升机中央位置。
（3）拉紧驻车制动器操纵杆，并将变速杆置于空挡或驻车挡（P 位）位置，如图 1-17 所示。
（4）套上转向盘护套、变速杆手柄套和座椅套，铺设脚垫，如图 1-18 所示。
（5）在车内拉动发动机舱盖手柄，在车外打开并支撑发动机舱盖，如图 1-19 所示。
（6）粘贴翼子板和前格栅磁力护裙，如图 1-20 所示。

引导问题 12　如何检查汽缸压力？

（1）起动发动机，使发动机工作至正常的工作温度，然后关闭发动机。
（2）拆卸相关零部件。
①拆下 2 号汽缸盖罩，如图 3-38 所示。
②断开 4 个点火线圈的插接器，并拆下 4 个点火线圈，如图 3-39 所示。
③用压缩空气吹净火花塞周围的脏物，并清理干净，拆下 4 个火花塞，如图 3-40 所示。
④断开 4 个喷油器插接器，如图 3-41 所示。
（3）测量汽缸的压缩压力。将汽缸压力表插入火花塞孔，将节气门全开，起动发动机使其运转，观察汽缸压力表的读数，测量汽缸的压缩压力，如图 3-42 所示。并用同样的方法检查其他汽缸的压缩压力。汽缸标准压缩压力为 1373kPa，最小压力为 1079kPa，各汽缸间压力差极限为 98kPa。

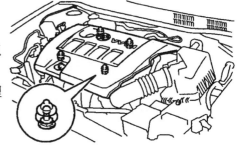

图 3-38　拆卸 2 号汽缸盖罩

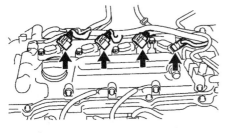
a）断开 4 个点火线圈的插接器

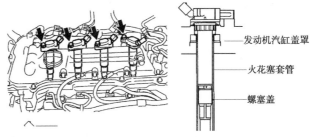
b）拆下 4 个点火线圈

图 3-39　拆下点火线圈

图3-40 拆下火花塞

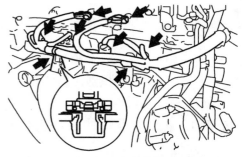

图3-41 断开喷油器插接器

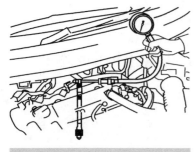

图3-42 检查汽缸压力

如果汽缸压缩压力偏低,通过火花塞孔往汽缸中注入少量的机油并再次检查。如果添加机油后压力增大,则可能是活塞环或汽缸磨损或损坏造成;如果压力继续偏低,则可能是气门与气门座密封不严、汽缸垫漏气或汽缸体有裂纹等原因造成。

(4)安装相关零部件。连接4个喷油器插接器,安装4个火花塞,安装4个点火线圈(拧紧力矩:10N·m),安装2号汽缸盖罩。

①在进行汽缸压力测量时,一定要使用完全充电的蓄电池,以使发动机转速能提高到250r/min或更高。
②在进行汽缸压力测量时,要在尽可能短的时间内完成测量。

引导问题13 如何拆卸汽缸盖和汽缸垫?

拆装汽缸盖和汽缸垫相关部件的分解图如图3-43和图3-44所示。
(1)拆卸带变速器的发动机总成。
(2)安装发动机台架,并将发动机放置在发动机台架上。
(3)拆卸发动机正时链。
(4)拆卸凸轮轴正时链轮总成。如图3-45所示,固定凸轮轴的六角头部分的同时,拆下凸缘螺栓,然后拆下凸轮轴正时链轮总成。

拆下凸轮轴正时链轮前,确保锁销已松开。不要拆下另外4个螺栓。将凸轮轴正时链轮总成从凸轮轴上拆下时,要使其保持水平。

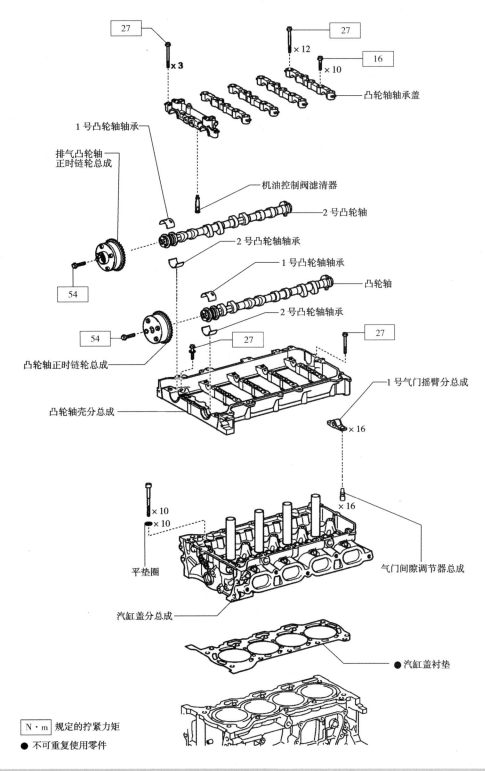

图 3-43 拆装汽缸盖和汽缸垫相关部件的分解图（1）

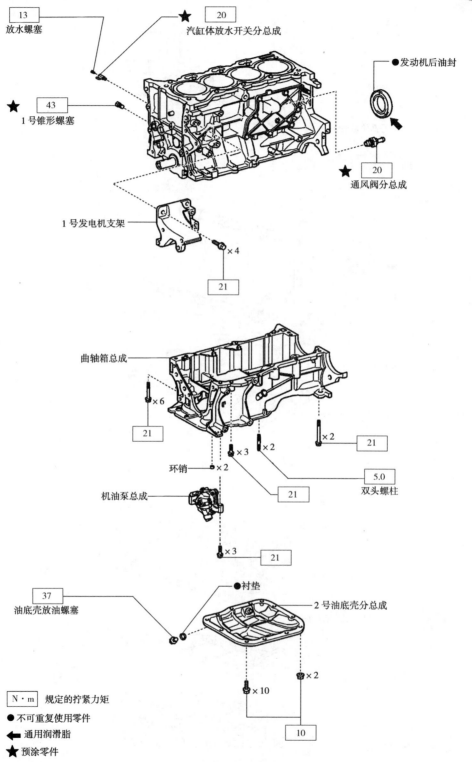

图 3-44　拆装汽缸盖和汽缸垫相关部件的分解图（2）

(5)拆卸排气凸轮轴正时链轮总成。如图3-46所示,固定凸轮轴的六角头部分的同时,拆下凸缘螺栓,然后拆下排气凸轮轴正时链轮总成。

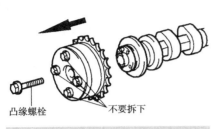

图3-45 汽缸盖和汽缸垫的拆卸(1)

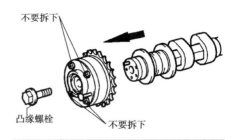

图3-46 汽缸盖和汽缸垫的拆卸(2)

不要拆下另外4个螺栓。将排气凸轮轴正时链轮总成从凸轮轴上拆下时,要使其保持水平。

(6)拆卸凸轮轴轴承盖。
①按如图3-47所示顺序,均匀地拧松并拆下10个轴承盖螺栓。
②按图3-48所示顺序,均匀地拧松并拆下15个轴承盖螺栓。

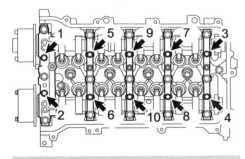

图3-47 汽缸盖和汽缸垫的拆卸(3)

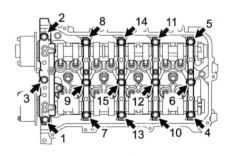

图3-48 汽缸盖和汽缸垫的拆卸(4)

凸轮轴处于水平状态的同时均匀地拧松螺栓。

③拆下5个轴承盖。

按正确的顺序摆放拆下的零件。

(7)如图 3-49 所示,拆下 1 号凸轮轴。
(8)如图 3-50 所示,拆下 2 号凸轮轴。

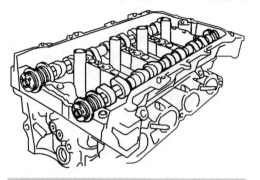
图 3-49　汽缸盖和汽缸垫的拆卸(5)

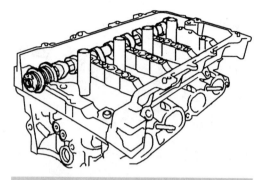
图 3-50　汽缸盖和汽缸垫的拆卸(6)

(9)拆卸 1 号气门摇臂分总成。如图 3-51 所示,拆下 16 个气门摇臂。

> **注意**
> 按正确的顺序摆放拆下的零件。

(10)拆卸气门间隙调节器总成。如图 3-52 所示,从汽缸盖上拆下 16 个气门间隙调节器。

> **注意**
> 按正确的顺序摆放拆下的零件。

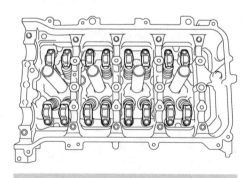
图 3-51　汽缸盖和汽缸垫的拆卸(7)

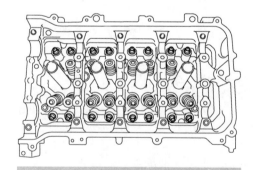
图 3-52　汽缸盖和汽缸垫的拆卸(8)

(11)拆卸 1 号凸轮轴轴承。如图 3-53 所示,拆下 2 个 1 号凸轮轴轴承。
(12)拆卸 2 号凸轮轴轴承。如图 3-54 所示,拆下 2 个 2 号凸轮轴轴承。
(13)拆卸凸轮轴壳分总成。
①如图 3-55 所示,拆下 2 个螺栓。

②如图 3-56 所示,用螺丝刀撬动汽缸盖和凸轮轴壳之间的部位,拆下凸轮轴壳。

注意

小心不要损坏汽缸盖和凸轮轴壳的接触面。使用螺丝刀之前,请在螺丝刀头部缠上胶带。

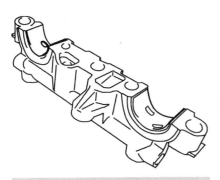

图 3-53 汽缸盖和汽缸垫的拆卸(9)

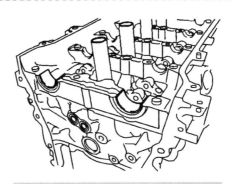

图 3-54 汽缸盖和汽缸垫的拆卸(10)

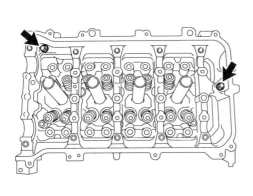

图 3-55 汽缸盖和汽缸垫的拆卸(11)

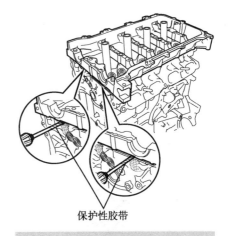

保护性胶带

图 3-56 汽缸盖和汽缸垫的拆卸(12)

(14)拆卸汽缸盖分总成。

①按图 3-57 所示顺序,用 10mm 的双六角扳手,分几步均匀地松开并拆下 10 个汽缸盖螺栓和 10 个平垫圈。

注意

螺栓拆卸顺序不正确可导致汽缸盖翘曲或破裂。

②使用头部缠有胶带的螺丝刀,撬动汽缸盖和汽缸体之间的部位,拆下汽缸盖。

小心不要损坏汽缸盖和汽缸体的接触面。

(15) 如图3-58所示,拆下汽缸垫。

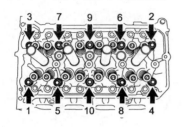

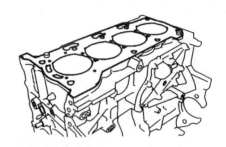

图3-57 汽缸盖和汽缸垫的拆卸(13)   图3-58 汽缸盖和汽缸垫的拆卸(14)

引导问题14   如何检查汽缸盖、汽缸垫及汽缸盖螺栓?

1 检查汽缸盖

(1) 检查汽缸盖裂纹。用染色渗透法检查进气口、排气口以及汽缸体表面是否有裂纹。如果有裂纹,则更换汽缸盖。

(2) 检查汽缸盖平面度。如图3-59所示,用精密直尺和塞尺,在规定位置和方向上测量汽缸盖的平面度。平面度的极限值为0.05mm,如果超过极限值,则更换汽缸盖。

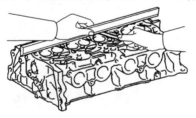

图3-59 检查汽缸盖的平面度

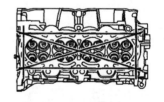

图3-60 检查汽缸盖固定螺栓

2 检查汽缸垫

目视检查汽缸垫是否存在烧蚀、裂纹等损坏情况。如果存在上述损坏情况,要查明原因,修理后并更换汽缸垫。

3 检查汽缸盖固定螺栓

如图3-60所示,用游标卡尺测量螺栓受力部分的长度和测量点处的最小直径。标准螺栓长度:84.3~85.7mm,最大螺栓长度:

86.7mm,如果螺栓长度大于最大值,则更换螺栓;螺栓标准外径:9.77～9.96mm,最小外径:9.1mm,如果直径小于最小值,则更换螺栓。

引导问题 15   如何安装汽缸垫及汽缸盖?

(1)安装汽缸垫。如图 3-61 所示,将新衬垫放在汽缸体表面上,并使印有批次号的一面朝上。

清除接触面的所有机油,确保衬垫按正确的方向安装。

(2)安装汽缸盖分总成。
①在螺栓的螺纹和与垫圈相接触的螺栓头下的部位涂抹一薄层机油。
②将螺栓和平垫圈安装至汽缸盖。

不要将垫圈掉到汽缸盖里。

③按图 3-62 所示顺序,用 10mm 的双六角扳手,分几步均匀地安装并紧固 10 个汽缸盖固定螺栓和平垫圈,拧紧力矩:49N·m。

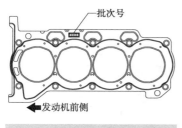

图 3-61 汽缸垫和汽缸盖的安装(1)

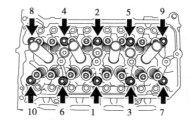

图 3-62 汽缸垫和汽缸盖的安装(2)

④如图 3-63 所示,用油漆在汽缸盖螺栓前端做标记,将汽缸盖螺栓再次紧固 90°,然后再紧固 45°。

(3)安装气门间隙调节器总成。

将气门间隙调节器安装回原处。

(4) 安装1号气门摇臂分总成。

①在气门间隙调节器端部和气门杆盖端上涂抹机油。

②确保将气门摇臂安装至如图3-64所示位置。

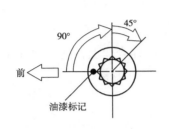

图3-63 汽缸垫和汽缸盖的安装(3)　　图3-64 汽缸垫和汽缸盖的安装(4)

(5) 安装1号凸轮轴轴承。

①清洁轴承的表面,安装2个1号凸轮轴轴承。

②如图3-65所示,用游标卡尺测量轴承盖边缘和凸轮轴轴承边缘间的距离。尺寸 A 和 B 均为0.7mm或更小。

通过测量尺寸 A 和 B,将轴承固定至轴承盖中心。

(6) 安装2号凸轮轴轴承。

①清洁轴承的表面,安装2个2号凸轮轴轴承。

②如图3-66所示,用游标卡尺测量轴承盖边缘和凸轮轴轴承边缘间的距离。尺寸 A 为1.05～1.75mm。

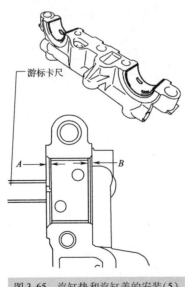 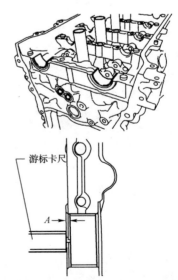

图3-65 汽缸垫和汽缸盖的安装(5)　　图3-66 汽缸垫和汽缸盖的安装(6)

通过测量尺寸A,将轴承固定至轴承盖中心。

(7) 安装2号凸轮轴。清洁凸轮轴轴颈,在凸轮轴轴颈、凸轮轴壳和轴承盖上涂抹一薄层机油,将2号凸轮轴安装到凸轮轴壳上,如图3-50所示。

(8) 安装1号凸轮轴。清洁凸轮轴轴颈,在凸轮轴轴颈、凸轮轴壳和轴承盖上涂抹一薄层机油,将凸轮轴安装到凸轮轴壳上,如图3-49所示。

(9) 安装凸轮轴轴承盖。
①在凸轮轴轴颈、凸轮轴壳和轴承盖上涂抹机油。
②确认各凸轮轴轴承盖上的标记和号码,并将其置于正确的位置和方向。

确保凸轮轴的锁销按图3-67所示安装。

③按图3-68所示顺序,紧固10个螺栓,拧紧力矩:16N·m。

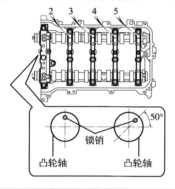

图3-67 汽缸垫和汽缸盖的安装(7)

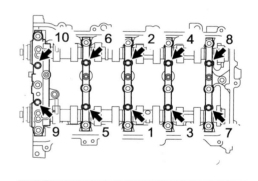

图3-68 汽缸垫和汽缸盖的安装(8)

(10) 安装凸轮轴壳分总成。
①确保将气门摇臂按图3-51所示安装。
②如图3-69所示,连续涂抹密封胶。密封胶:丰田原厂黑密封胶。密封直径:3.5~4.0mm。

清除接触面的所有机油。在涂抹密封胶后3min内安装凸轮轴壳分总成。安装后至少2h内不要起动发动机。

③如图3-70所示,固定1号凸轮轴和2号凸轮轴。

④安装凸轮轴壳,并按图3-70所示顺序紧固17个螺栓,拧紧力矩:27N·m。

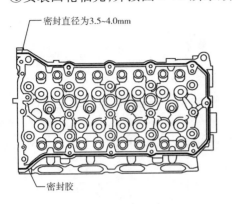

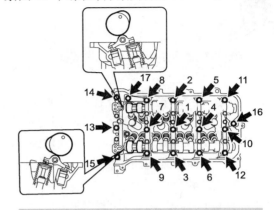

图3-69 汽缸垫和汽缸盖的安装(9)　　　图3-70 汽缸垫和汽缸盖的安装(10)

安装凸轮轴壳后,确保凸轮凸角按图3-70所示安装。如果在安装过程中任何螺栓松动,则拆下凸轮轴壳,清洁安装表面并重新涂抹密封胶。如果在安装过程中因螺栓松动而拆下凸轮轴壳,则应确保先前涂抹的密封胶未进入任何机油通道。安装凸轮轴壳后,拭去凸轮轴壳和汽缸盖之间渗出的密封胶。

(11)安装凸轮轴正时链轮总成。
①检查并确认锁销已安装在凸轮轴上。
②如图3-71所示,使直销和键槽对准,将凸轮轴正时链轮和凸轮轴放置在一起。

不要用力推入凸轮轴正时链轮总成。这样可能导致凸轮轴锁销端部损坏凸轮轴正时链轮总成的安装表面。

③将凸轮轴正时链轮轻轻推向凸轮轴的同时,按图3-72所示方向旋转凸轮轴正时链轮。将直销进一步推入键槽中。

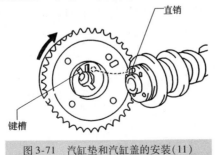

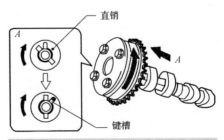

图3-71 汽缸垫和汽缸盖的安装(11)　　　图3-72 汽缸垫和汽缸盖的安装(12)

> **注意**
>
> 不要使凸轮轴正时链轮朝延迟方向(顺时针)转动。

④如图3-73所示,测量链轮和凸轮轴间的间隙。间隙:0.1~0.4mm。

⑤如图3-74所示,在凸轮轴正时链轮固定就位时,紧固凸缘螺栓,拧紧力矩:54N·m。

⑥如图3-75所示,检查并确认凸轮轴正时链轮可以朝延迟方向(顺时针)转动,并锁止在最大延迟位置。

(12)安装排气凸轮轴正时链轮总成。

①检查并确认锁销已安装在凸轮轴上。

②如图3-76所示,对准键槽和直销,然后将排气凸轮轴正时链轮和凸轮轴连接起来。

③将链轮轻轻地压在凸轮轴上,并转动链轮。将直销进一步推入键槽中。

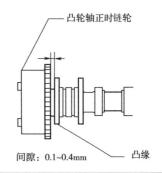

图3-73 汽缸垫和汽缸盖的安装(13)

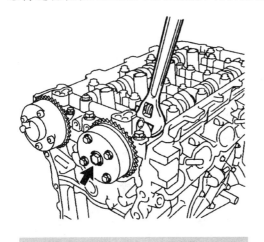

图3-74 汽缸垫和汽缸盖的安装(14)

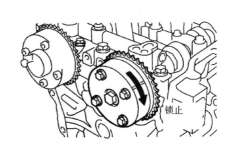

图3-75 汽缸垫和汽缸盖的安装(15)

> **注意**
>
> 一定不要使排气凸轮轴正时链轮朝延迟方向(顺时针)转动。

④检查并确认链轮凸缘和凸轮轴间没有间隙。

⑤如图3-77所示,排气凸轮轴正时链轮固定住时,拧紧凸缘螺栓,拧紧力矩:54N·m。

⑥检查排气凸轮轴正时链轮的锁止情况。

⑦确保排气凸轮轴正时链轮已锁止。

(13)安装正时链及其他零部件。

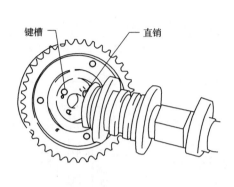

图 3-76 汽缸垫和汽缸盖的安装(16)

图 3-77 汽缸垫和汽缸盖的安装(17)

引导问题 16　如何拆卸活塞连杆组和曲轴飞轮组零部件？

活塞连杆组和曲轴飞轮组部件的分解图如图 3-78 和图 3-79 所示。

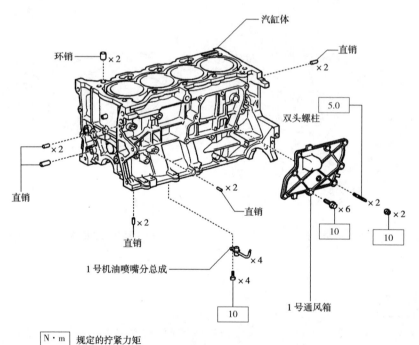

图 3-78 活塞连杆组和曲轴飞轮组部件的分解图(1)

(1)拆卸汽缸盖和汽缸盖衬垫。

(2)拆卸 1 号通风箱。

①如图 3-80 所示,拆下 6 个螺栓和 2 个螺母。

学习任务三 发动机动力不足的检修(一)

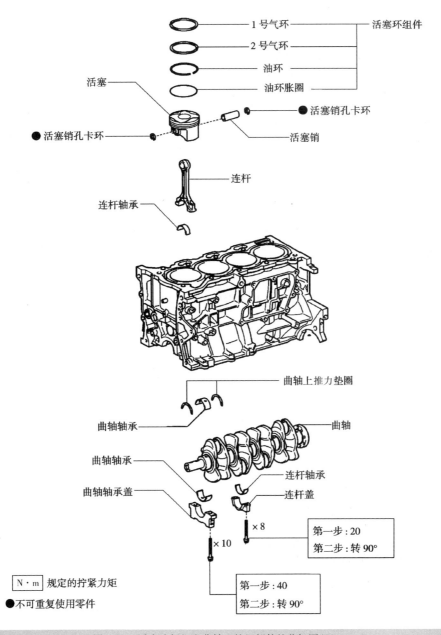

图 3-79 活塞连杆组和曲轴飞轮组部件的分解图(2)

②如图 3-81 所示,用螺丝刀撬动 1 号通风箱和汽缸体之间的部位,拆下 1 号通风箱。

不要损坏汽缸体和 1 号通风箱的接触面。使用螺丝刀之前,请在螺丝刀头部缠上胶带。

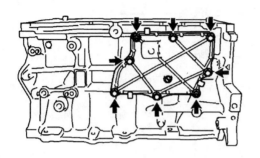
图3-80 活塞连杆组和曲轴飞轮组部件的拆卸(1)

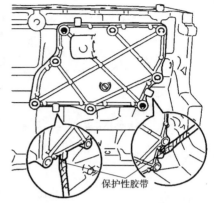
图3-81 活塞连杆组和曲轴飞轮组部件的拆卸(2)

(3)拆卸带连杆的活塞分总成。

①如图3-82所示,用铰刀去除汽缸顶部的所有积炭。

②如图3-83所示,检查并确认连杆和连杆盖上的装配标记相互对准,以确保正确的重新安装。

连杆和连杆盖的装配标记是为了确保正确地重新安装。

图3-82 活塞连杆组和曲轴飞轮组部件的拆卸(3)

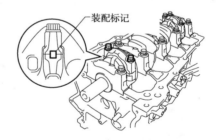
图3-83 活塞连杆组和曲轴飞轮组部件的拆卸(4)

③如图3-84所示,用SST09205-16010均匀松开2个螺栓。

④如图3-85所示,用2个已拆下的连杆盖螺栓,通过左右摇动连杆盖,拆下连杆盖和下轴承。

保持下轴承插入连杆盖。

⑤从汽缸体的顶部推出活塞、连杆总成和上轴承。

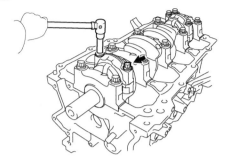

图3-84 活塞连杆组和曲轴飞轮组部件的拆卸(5)

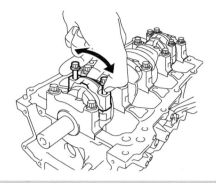

图3-85 活塞连杆组和曲轴飞轮组部件的拆卸(6)

使轴承、连杆和连杆盖连在一起。按正确的顺序摆放活塞和连杆总成。

(4)拆卸连杆轴承。

按正确的顺序摆放拆下的零件。

(5)拆卸活塞环组件。如图3-86所示,用活塞环扩张器拆下2个气环,用手拆下油环刮片和油环胀圈。

按正确的顺序摆放拆下的零件。

(6)拆卸活塞。

①如图3-87所示,使用螺丝刀撬出2个卡环。

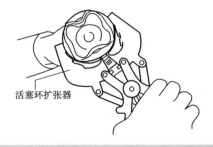

活塞环扩张器

图3-86 活塞连杆组和曲轴飞轮组部件的拆卸(7)

图3-87 活塞连杆组和曲轴飞轮组部件的拆卸(8)

②如图 3-88 所示，逐渐加热各活塞至 80～90℃。

③如图 3-89 所示，用塑料锤和铜棒，轻轻敲出活塞销并拆下连杆。

活塞和活塞销是一组配套件。按正确的顺序摆放活塞、活塞销、活塞环、连杆和轴承。

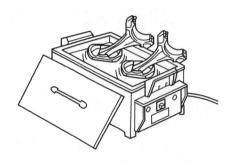

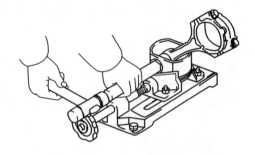

图 3-88 活塞连杆组和曲轴飞轮组部件的拆卸(9)　　　图 3-89 活塞连杆组和曲轴飞轮组部件的拆卸(10)

(7)拆卸曲轴。

①按图 3-90 所示顺序，均匀地拧松并拆下 10 个主轴承盖螺栓。

②用 2 个已拆下的主轴承盖螺栓拆下 5 个主轴承盖和 5 个下轴承。

依次将螺栓插入轴承盖。如图 3-91 所示，轻轻地向上拉并向汽缸体的前、后侧施加力，将轴承盖拉出。小心不要损坏轴承盖和汽缸体的接触面。将下轴承和主轴承盖作为一个组件保存。按正确的顺序摆放主轴承盖。

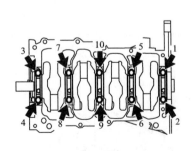

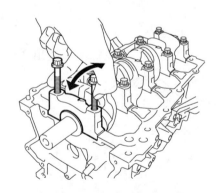

图 3-90 活塞连杆组和曲轴飞轮组部件的拆卸(11)　　　图 3-91 活塞连杆组和曲轴飞轮组部件的拆卸(12)

③提出曲轴。

（8）如图3-92所示，从汽缸体上拆下曲轴上止推垫圈。

（9）拆卸曲轴轴承。如图3-93所示，从汽缸体上拆下5个主轴承。

注意

按正确的顺序摆放轴承。

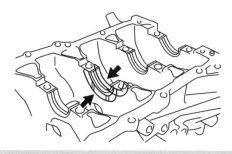

图3-92　活塞连杆组和曲轴飞轮组部件的拆卸(13)

（10）拆卸1号机油喷嘴分总成。如图3-94所示，用5mm六角套筒扳手拆下螺栓和机油喷嘴。

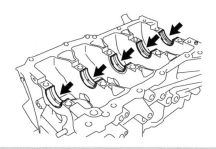

图3-93　活塞连杆组和曲轴飞轮组部件的拆卸(14)

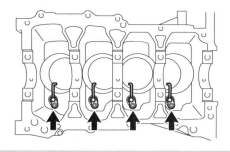

图3-94　活塞连杆组和曲轴飞轮组部件的拆卸(15)

引导问题17 如何检查活塞连杆组和曲轴飞轮组零部件？

1 检查汽缸体

（1）检查汽缸体的平面度。如图3-95所示，用精密直尺和塞尺，测量与汽缸垫接触的表面的平面度。最大平面度：0.05mm。如果平面度大于最大值，则更换汽缸体。

（2）检查汽缸直径。如图3-96所示，用量缸表在位置 A 和 B 处测量径向与轴向的汽缸直径。标准直径：80.500～80.513mm，最大直径：80.633mm。如果4个位置的平均缸径值大于最大值，则更换汽缸体。

2 检查活塞

（1）检查活塞直径。如图3-97所示，在距活塞顶部12.6mm处，用外径千分尺测量与活塞销孔成直角的活塞直径。标准活塞直径：80.461～80.471mm。如果直径不符合规定，则更换活塞。

（2）检查活塞径向间隙。用汽缸缸径测量值减去活塞直径测量值。标准径向间隙：0.029～0.052mm，最大径向间隙：0.09mm。如果径向间隙大于最大值，则更换所有活塞。如有必要，更换汽缸体。

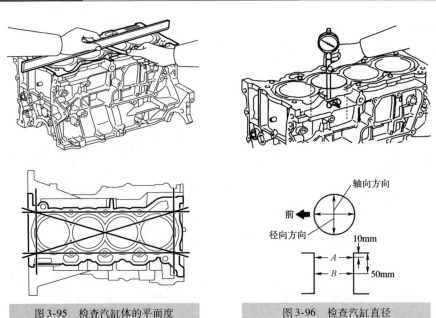

图 3-95 检查汽缸体的平面度　　图 3-96 检查汽缸直径

3　检查活塞环

（1）检查环槽间隙。如图 3-98 所示,使用塞尺测量新活塞环和环槽壁间的间隙。标准环槽间隙如下:1 号气环应为 0.02～0.07mm;2 号气环应为 0.02～0.06mm;油环应为 0.02～0.065mm。如果环槽间隙不符合规定,则更换活塞。

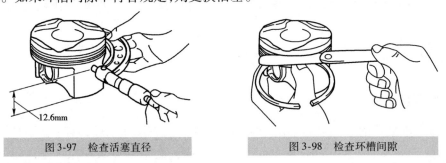

图 3-97　检查活塞直径　　图 3-98　检查环槽间隙

（2）检查活塞环端隙。

①如图 3-99 所示,用活塞从汽缸体的顶部将活塞环推至活塞环底部,使其行程超过 50mm。

②如图 3-100 所示,用塞尺测量端隙。标准端隙如下:1 号气环应为 0.2～0.3mm;2 号气环应为 0.3～0.5mm;油环应为 0.1～0.4mm。最大端隙如下:1 号气环应为 0.5mm;2 号气环应为 0.7mm;油环应为 0.7mm。如果端隙大于最大值,则更换活塞环。换上新的活塞环后,如果端隙仍大于最大值,则更换汽缸体。

4　检查曲轴

（1）检查曲轴弯曲度。如图 3-101 所示,用百分表和 V 形块测量曲轴弯曲度。曲轴最大弯曲度:0.03mm。如弯曲度大于最大值,则更换曲轴。

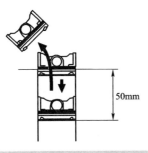
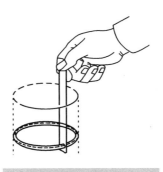

图3-99 检查活塞环端隙(1)　　　图3-100 检查活塞环端隙(2)

(2)检查曲轴主轴颈磨损和径向圆跳动。如图3-102所示,用外径千分尺测量各主轴颈的直径和径向圆跳动。标准直径:47.988~48.000mm。如果直径不符合规定,则检查曲轴径向间隙。标准直径(参考)如下:标记0应为47.999~48.000mm;标记1应为47.997~47.998mm;标记2应为47.995~47.996mm;标记3应为47.993~47.994mm;标记4应为47.991~47.992mm;标记5应为47.988~47.990mm。最大径向圆跳动:0.004mm,如果径向圆跳动大于最大值,则更换曲轴。

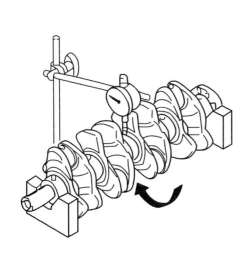
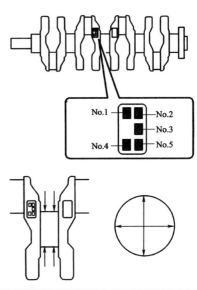

图3-101 检查曲轴弯曲度　　　图3-102 检查曲轴磨损和径向圆跳动

(3)检查连杆轴颈的磨损和径向圆跳动。如图3-103所示,用外径千分尺测量各曲柄销的直径和径向圆跳动。标准直径:43.992~44.000mm,如果直径不符合规定,则检查连杆径向间隙。最大径向圆跳动:0.004mm。如果径向圆跳动大于最大值,则更换曲轴。

(4)检查曲轴轴向间隙。
①安装主轴承盖。
②如图3-104所示,用螺丝刀来回撬动曲轴的

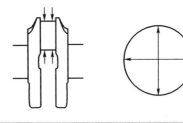

图3-103 检查连杆轴颈磨损和径向圆跳动

同时，用百分表测量轴向间隙。标准轴向间隙：0.04~0.14mm，最大轴向间隙：0.18mm。如果轴向间隙大于最大值，则成套更换推力垫圈。

> 止推垫圈厚度为2.43~2.48mm。

（5）检查曲轴径向间隙。
①检查曲轴轴颈和轴承是否有点蚀和划痕。
②安装曲轴轴承。
③将曲轴放到汽缸体上。
④如图3-105所示，将塑料间隙规摆放在各轴颈上。
⑤检查朝前标记和数字，并将轴承盖安装到汽缸体上。

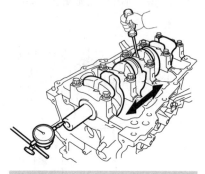

图3-104 检查曲轴轴向间隙

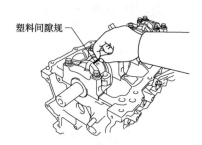

图3-105 检查曲轴径向间隙（Ⅰ）

> 各主轴承盖上都标有一个数字以指明安装位置。

⑥安装主轴承盖。

> 不要转动曲轴。

⑦拆下主轴承盖。
⑧如图3-106所示，测量塑料间隙规最宽处。标准径向间隙：0.016~0.039mm，最大径向间隙：0.050mm。如果径向间隙大于最大值，则更换曲轴轴承。如有必要，则更换曲轴。

 注 意

测量后完全拆下塑料间隙规。

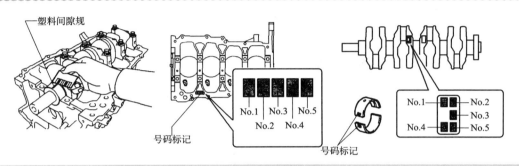

图 3-106 检查曲轴径向间隙(2)

如果更换轴承,则选择同号的新轴承。如果轴承号无法确定,则将汽缸体和曲轴上压印的号码相加,以计算正确的轴承号。然后根据表 3-3,用计算的号码选择新轴承。有 4 种尺寸的标准轴承,分别标有"1"、"2"、"3"和"4"。例如:汽缸体"2"+曲轴"3"=总数 5(使用 2 号轴承)。

选 用 新 轴 承　　　　　　　　表 3-3

汽缸体号码 + 曲轴号码	0 ~ 2	3 ~ 5	6 ~ 8	9 ~ 11
将使用的轴承	"1"	"2"	"3"	"4"

引导问题 18 如何重新装配活塞连杆组和曲轴飞轮组部件?

(1)安装 1 号机油喷嘴分总成,如图 3-94 所示。用 5mm 六角套筒扳手和螺栓安装机油喷嘴,拧紧力矩:10N·m。

(2)安装活塞。

①如图 3-107 所示,用螺丝刀将新卡环安装到活塞销孔的一端。

 注 意

确保卡环的端隙与活塞上的活塞销孔切口部位错开。

②逐渐加热活塞至 80 ~ 90℃。

③如图 3-108 所示,对准活塞和连杆上的朝前标记,并用拇指推入活塞。

 注 意

活塞和活塞销是一组配套件。

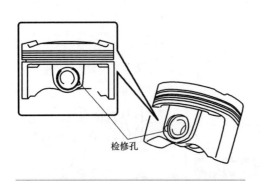

图3-107 活塞连杆组和曲轴飞轮组部件的重新装配(1)

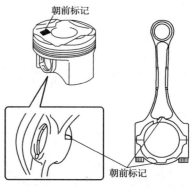

图3-108 活塞连杆组和曲轴飞轮组部件的重新装配(2)

④使用螺丝刀在活塞销孔的另一端安装一个新卡环。

确保卡环的端隙与活塞上的活塞销孔切口部位错开。

⑤如图3-109所示,在活塞销上来回移动活塞,检查活塞和活塞销间的安装情况。

(3)安装活塞环组件。

①如图3-110所示,用手安装油环胀圈和油环刮片。

安装油环胀圈和油环,使其环端处于相反的两侧。将油环胀圈牢固安装至油环的内槽。

图3-109 活塞连杆组和曲轴飞轮组部件的重新装配(3)

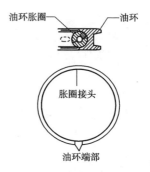

图3-110 活塞连杆组和曲轴飞轮组部件的重新装配(4)

②用活塞环扩张器安装2个气环,使油漆标记处于图3-111所示位置。

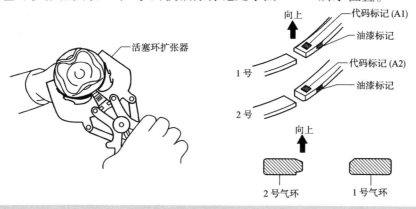

图3-111 活塞连杆组和曲轴飞轮组部件的重新装配(5)

注意

安装1号气环,使代码标记(A1)朝上。安装2号气环,使代码标记(A2)朝上。油漆标记仅在新活塞环上检查到。重新使用活塞环时,检查各活塞环外形,以将其安装至正确位置。

③放置活塞环,使活塞环端处于如图3-112所示位置。

(4)安装曲轴轴承。

①安装上轴承(除3号轴颈外)。如图3-113所示,将带机油槽的上轴承安装到汽缸体上。用刻度尺测量汽缸体边缘和上轴承边缘间的距离。尺寸A为0.5~1.0mm。

注意

不要在轴承和接触表面上涂抹机油。

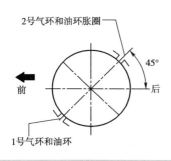

图3-112 活塞连杆组和曲轴飞轮组部件的重新装配(6)

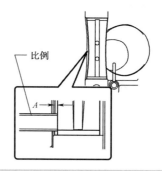

图3-113 活塞连杆组和曲轴飞轮组部件的重新装配(7)

②安装上轴承(3号轴颈)。如图3-114所示,将带机油槽的上轴承安装到汽缸体上。用游标卡尺测量汽缸体边缘和上轴承边缘间的距离。尺寸 A 和 B 均为0.7mm或更小。

不要在轴承和接触表面上涂抹机油。

③安装下轴承。如图3-115所示,将下轴承安装到轴承盖上。用游标卡尺测量轴承盖边缘和下轴承边缘间的距离。尺寸 A 和 B 均为0.7mm或更小。

不要在轴承和接触表面上涂抹机油。

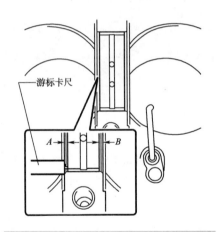

图3-114 活塞连杆组和曲轴飞轮组部件的重新装配(8)

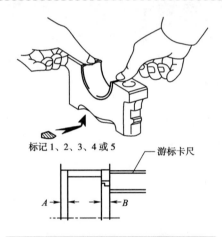

图3-115 活塞连杆组和曲轴飞轮组部件的重新装配(9)

(5)安装曲轴上止推垫圈。如图3-116所示,使机油槽向外,将2个止推垫圈安装到汽缸体的3号轴颈下方。在曲轴止推垫圈上涂抹机油。

(6)安装曲轴。

①在上轴承上涂抹机油,并将曲轴安装到汽缸体上。

②在下轴承上涂抹机油。

③如图3-117所示,检查数字标记,并将轴承盖安装到汽缸体上。

④在轴承盖螺栓的螺纹上和轴承盖螺栓下涂抹一薄层机油。

⑤如图3-118所示,暂时安装10个主轴承盖螺栓。

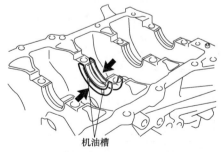

图3-116 活塞连杆组和曲轴飞轮组部件的重新装配(10)

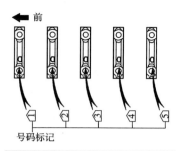

图3-117 活塞连杆组和曲轴飞轮组部件的重新装配(11)

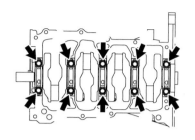

图3-118 活塞连杆组和曲轴飞轮组部件的重新装配(12)

⑥如图3-119所示,标记2个内轴承盖螺栓并以此为导向,用手插入主轴承盖,直到主轴承盖和汽缸体间的间隙小于5mm。

⑦如图3-120所示,用塑料锤轻轻敲击轴承盖,以确保正确安装。

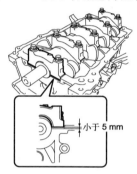

图3-119 活塞连杆组和曲轴飞轮组部件的重新装配(13)

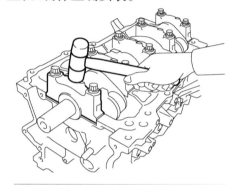

图3-120 活塞连杆组和曲轴飞轮组部件的重新装配(14)

⑧安装曲轴轴承盖螺栓。

主轴承盖螺栓的紧固分两步完成。

先按图3-121所示顺序,安装并均匀紧固10个主轴承盖螺栓,拧紧力矩:40N·m;然后按图3-122所示,用油漆在轴承盖螺栓前端做标记,再按顺序将轴承盖螺栓紧固90°。检查并确认曲轴转动顺畅,并检查曲轴轴向间隙。

(7)安装连杆轴承。如图3-123所示,将连杆轴承安装到连杆和轴承盖上。用游标卡尺测量连杆边缘和轴承盖边缘与连杆轴承边缘间的距离。尺寸A和B均为0.7mm或更小。

不要在轴承和接触表面上涂抹机油。

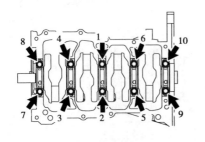

图3-121 活塞连杆组和曲轴飞轮组部件的重新装配(15)

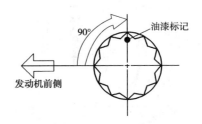

图3-122 活塞连杆组和曲轴飞轮组部件的重新装配(16)

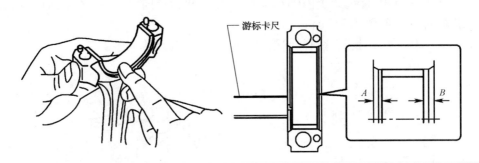

图3-123 活塞连杆组和曲轴飞轮组部件的重新装配(17)

(8)安装带连杆的活塞分总成。

①在汽缸壁、活塞、连杆轴承表面上涂抹机油。

②按照图3-112所示位置放置活塞环。

各活塞环端必须错开。

③如图3-124所示,使活塞朝前标记朝前,用活塞环压缩器将相应号的活塞和连杆总成压入汽缸内。

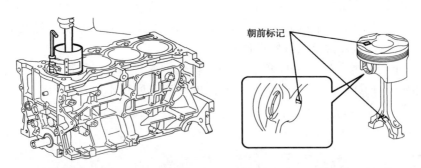

图3-124 活塞连杆组和曲轴飞轮组部件的重新装配(18)

注意

将连杆插入活塞时,不要使其接触机油喷嘴。连杆盖与连杆的号要相匹配。

④如图3-125所示,检查并确认连杆盖的凸起部分朝向正确的方向。
⑤在连杆盖螺栓的螺纹上和螺栓头下部涂抹一薄层机油。
⑥安装连杆盖螺栓。

连杆盖螺栓的紧固分2步完成。

如图3-126所示,先用SST09205-16010,安装并分几次交替拧紧连杆盖螺栓,拧紧力矩:20N·m;然后用油漆在连杆盖螺栓前端作标记,再将连杆盖螺栓紧固90°。检查并确认曲轴转动顺畅。检查连杆轴向间隙。

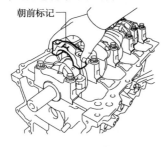

图3-125 活塞连杆组和曲轴飞轮组部件的重新装配(19)

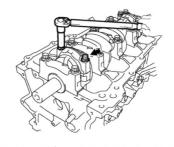

图3-126 活塞连杆组和曲轴飞轮组部件的重新装配(20)

(9)安装1号通风箱。

①如图3-127所示,连续涂抹密封胶。密封胶:丰田原厂黑密封胶。密封直径:2.0mm。

注意

清除接触面的所有机油。涂抹密封胶后3min内安装1号通风箱,15min内紧固螺栓和螺母。安装后至少2h内不要起动发动机。

②用6个螺栓和2个螺母安装1号通风箱,如图3-80所示。

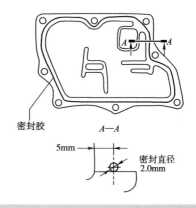

图3-127 活塞连杆组和曲轴飞轮组部件的重新装配(21)

（10）安装汽缸垫、汽缸盖及其他零部件,参见汽缸盖和汽缸垫的装配。

三、评价与反馈

（1）对本学习任务进行评价,见表3-4。

评 分 表　　　　　　　　　　　　　　　　　　　表3-4

考核项目	评分标准	分数	学生自评	小组评价	教师评价	小计
团队合作	是否协调	5				
活动参与	是否积极主动	5				
安全生产	有无安全隐患	10				
现场5S	是否做到	10				
任务方案	是否正确、合理	15				
操作过程	汽缸压力测试；拆卸、检查、安装汽缸盖及汽缸垫；拆卸、检查、安装活塞连杆组和曲轴飞轮组零部件	30				
任务完成情况	是否圆满完成	5				
工具和设备使用	是否规范、标准	10				
劳动纪律	是否能严格遵守	5				
工单填写	是否完整、规范	5				
	总分	100				
教师签名：			年　　月　　日		得分	

（2）在实施作业时每一个安全事项都注意到了吗？如果没有,找出忽略的地方和原因。

（3）能否向车主解释发动机动力不足与曲柄连杆机构的关系？如果不能,分析原因并提出改进措施。

四、学 习 拓 展

(1)查阅相关资料,说明造成发动机动力不足的其他原因有哪些。如何用简单的方法进行检查?

(2)查阅相关资料,说明曲柄连杆机构的拆装注意事项有哪些。

学习任务四

发动机动力不足的检修(二)

学习目标

完成本学习任务后,你应当能:
1. 叙述配气机构的功用、组成和工作原理;
2. 明确配气机构各零部件的功用和结构特点;
3. 明确配气相位的意义,了解可变配气相位的功用和工作原理;
4. 读懂"发动机动力不足的检修工艺流程",并能按该工艺流程进行检修;
5. 正确地使用工具和设备;
6. 规范地进行发动机汽缸压力测试,并对测量结果进行分析;
7. 规范地对配气机构进行拆卸、零部件检查和安装。

 建议完成本学习任务的时间为 **16 课时**。

 学习任务描述

一辆卡罗拉(1.6L)乘用车,行驶了 120000km,到维修站检查,车主反映该车最近特别费油且加速无力,要求维修人员对车辆发动机进行检查,找出故障原因并进行维修。

学习任务四　发动机动力不足的检修(二)

学习内容

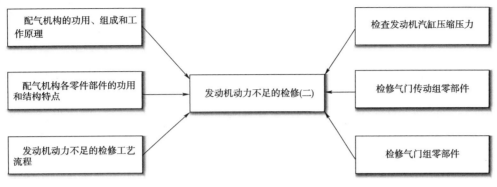

一、资料收集

引导问题 1　配气机构的功用和组成有哪些？

配气机构的功用是按照发动机每一汽缸内所进行的工作循环或发火次序的要求，定时开启和关闭各汽缸的进、排气门，使新鲜可燃混合气(汽油机)或空气(柴油机)得以及时进入汽缸，废气得以及时从汽缸中排出。

配气机构的组成如图 4-1 所示，由气门组和气门传动组组成。气门组包括气门、气门座、气门导管和气门弹簧等部件。气门传动组主要包括凸轮轴、凸轮轴正时齿形带轮、正时齿形带、张紧轮和液压挺柱等部件。

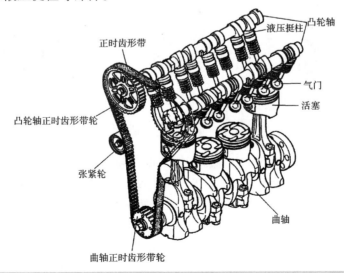

图 4-1　配气机构

引导问题2　　配气机构是如何工作的？

发动机工作时,曲轴通过曲轴正时齿形带轮、正时齿形带、凸轮轴正时齿形带轮驱动凸轮轴旋转,当凸轮轴转到凸轮的凸起部分顶到液压挺柱时,通过液压挺柱,压缩气门弹簧,使气门离座,即气门开启。当凸轮凸起部分离开液压挺柱时,气门便在气门弹簧弹力的作用下上升而落座,气门关闭。

由于四冲程发动机每完成一个工作循环,曲轴旋转2周,而各缸进、排气门各开启1次,完成一次进气和排气,此时凸轮轴只旋转1周,因此,曲轴与凸轮轴的转速比为2∶1,即凸轮轴正时齿轮的齿数是曲轴正时齿轮齿数的2倍。

引导问题3　　配气机构的类型有哪些？

1 按凸轮轴的布置形式分类

按凸轮轴安装位置的不同,可将配气机构分成凸轮轴下置式、凸轮轴中置式和凸轮轴上置式3种,如图4-2所示。

a) 凸轮轴下置式　　　　　b) 凸轮轴中置式　　　　　c) 凸轮轴上置式

图4-2　凸轮轴的布置形式

(1) 凸轮轴下置式配气机构。凸轮轴下置式配气机构是指进气门和排气门安装在汽缸盖上,而凸轮轴安装在汽缸体下部的配气机构。凸轮轴下置式配气机构的特点是凸轮轴与曲轴位置靠近,可以简单地用一对齿轮传动,但需要较长推杆、摇臂和摇臂轴等零部件,整个机构的刚度差。多用于转速较低的发动机,如货车用的柴油机等。

(2) 凸轮轴中置式配气机构。凸轮轴中置式配气机构是指进气门和排气门安装在汽缸盖上,而凸轮轴安装在汽缸体中上部的配气机构。凸轮轴中置式的配气机构的凸轮轴一般采用链传动或正时齿形带传动,采用短推杆或省去推杆,但需要摇臂和摇臂轴。

学习任务四　发动机动力不足的检修（二）

（3）凸轮轴上置式配气机构。凸轮轴顶置式配气机构是指气门和凸轮轴都设置在汽缸盖上。凸轮轴由正时链条或正时齿形带驱动，不需要推杆，摇臂和摇臂轴也可省去，减少了配气机构的零件，使配气机构往复运动质量大大减小，现在乘用车上多采用这种布置形式。

2 按气门的布置形式分类

按气门布置的位置不同，配气机构可分为气门侧置式和气门顶置式两种，如图4-3所示。

a) 气门侧置式　　b) 气门顶置式

图4-3　气门的布置形式

3 按凸轮轴的驱动方式分类

凸轮轴的旋转是依靠曲轴驱动的，根据凸轮轴的驱动方式不同，配气机构可分为链条驱动式、正时齿形带驱动式、齿轮驱动式和辅助齿轮驱动式，如图4-4所示。现在乘用车发动机一般多采用链条驱动式或正时齿形带驱动式，特殊的赛车用发动机多使用齿轮驱动式。

4 按每缸气门数分类

按每缸气门数的不同，配气机构可分为每缸两气门式和每缸多气门式，如图4-5所示。

引导问题4　气门组各零部件的功用及结构特点如何？

气门组主要由气门、气门弹簧、气门座、气门导管和气门锁片等零部件组成（图4-6），其作用是实现汽缸的密封。

1 气门

气门的功用是与气门座相配合，对汽缸进行密封。气门由气门头部和气门杆部组成（图4-7），头部用来封闭汽缸的进、排气道，杆部用来为气门的运动起导向作用。

（1）气门头部。气门头部的形状有平顶、喇叭形顶和球面顶，如图4-8所示。使用最多的是平顶气门头部，进、排气门均可采用。喇叭形顶气门头部多用于进气门，球面顶气门头部适用于排气门。

气门头部与气门座圈接触的工作面，是与杆部同心的锥面，通常将这一锥面与气门顶部平面的夹角称为气门锥角，如图4-9所示，一般制作成30°或45°。

考虑到进气阻力比排气阻力对发动机性能的影响大得多，为尽量减小进气阻力，一般进气门的尺寸略大于排气门的尺寸，这是因为进气是利用活塞下移产生的真空来实现的，进气门大些，可提高进气效率；而排气是通过活塞上升将废气排出的，排气门即使是小一些也不会造成太大的影响。

（2）气门杆。气门杆是圆柱形，在气门导管中不断上、下往复运动。气门杆尾部结构取决于气门弹簧座的固定方式，常见的结构形式如图4-10所示。

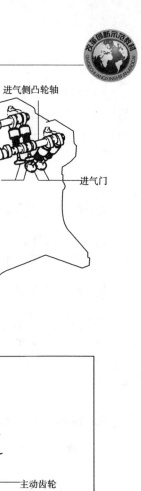
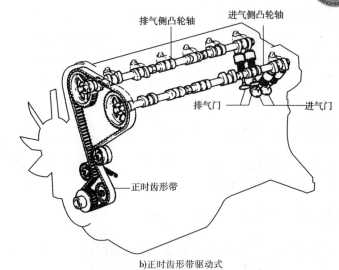
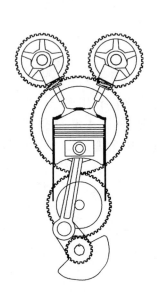
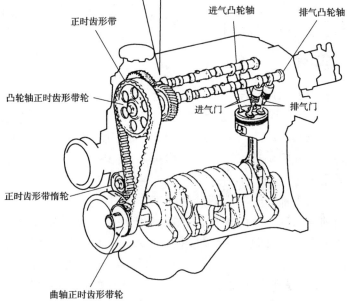

a) 链条驱动式　　b) 正时齿形带驱动式　　c) 齿轮驱动式　　d) 辅助齿轮驱动式

图 4-4　凸轮轴的驱动方式

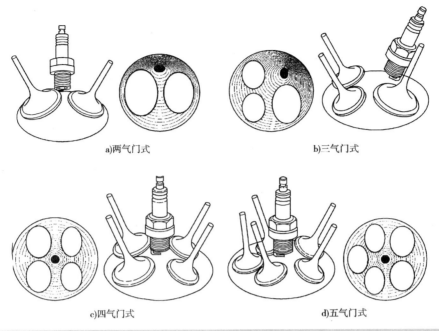

图4-5 每缸气门数量

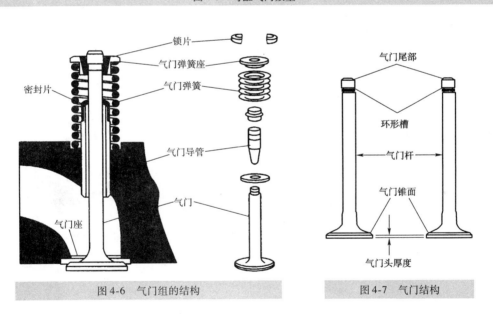

图4-6 气门组的结构　　　　　图4-7 气门结构

2 气门座

汽缸盖上的进、排气道与气门锥面相贴合的部位称为气门座（图4-11），气门座的锥角和气门锥角相同，一般也是30°或45°。气门座不仅有密封作用，还起到了冷却气门的作用。

3 气门导管

气门导管（图4-12）的功用是为气门的运动导向，保证气门作直线往复运动，使气门与气门座能正确贴合。气门杆与气门导管之间一般留有 0.05～0.12mm 的间隙,使气门杆能在气门导管中自由运动。

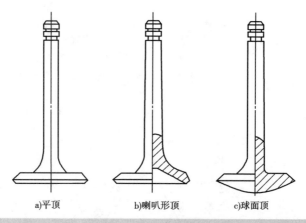

图 4-8　气门头部的形状

a) 平顶　　b) 喇叭形顶　　c) 球面顶

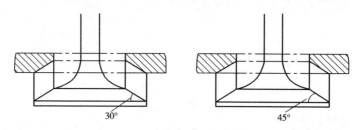

图 4-9　气门锥角

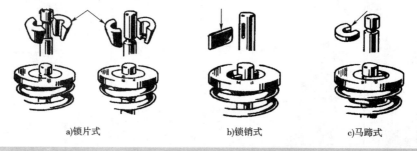

a) 锁片式　　b) 锁销式　　c) 马蹄式

图 4-10　气门弹簧座的固定方式

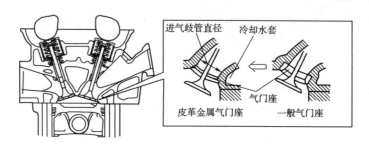

图 4-11　气门座

学习任务四 发动机动力不足的检修（二）

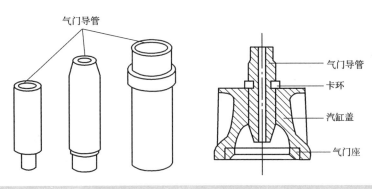

图 4-12 气门导管

4 气门弹簧

气门弹簧的功用保证气门及时落座并与气门座或气门座圈紧密贴合，同时也可防止气门在发动机振动时因跳动而破坏密封。

气门弹簧的一端支撑在汽缸盖上，而另一端则压靠在气门杆尾端的弹簧座上，弹簧座用锁片固定在气门杆的末端。气门弹簧可分为圆柱形螺旋弹簧、变螺距的圆柱形弹簧和双气门弹簧，如图 4-13 所示。采用变螺距的圆柱形弹簧，可防止弹簧发生共振；采用螺旋方向和螺距都不相同双气门弹簧，不但可以防止共振，而且当一根弹簧折断时，另一根弹簧仍可维持工作，为多数高速发动机采用。

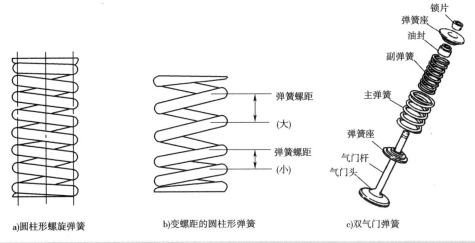

a)圆柱形螺旋弹簧　　b)变螺距的圆柱形弹簧　　c)双气门弹簧

图 4-13 气门弹簧

5 气门油封

气门油封安装在气门导管上部，用来密封气门杆和气门导管之间的间隙，防止机油从气门杆与气门导管之间的间隙漏入燃烧室。气门油封由橡胶圈和弹簧组成（图 4-14），更换气门油封时必须使用专用工具安装，以免造成油封损坏。

引导问题5 如何检查气门和气门座的密封性?

重新装配的发动机,必须保证气门和气门座之间良好的密封状况,否则会造成发动机燃烧室密封不严,发动机的动力下降。可通过以下方法检查气门与气门座之间的密封性:

(1)渗漏法。将汽缸盖水平倒置,使燃烧室朝上,向燃烧室内倒入煤油,观察煤油是否从气门与气门座之间的密封处渗漏,如果发生渗漏,则说明气门与气门座密封性不良,应重新修理气门座和研磨气门。

(2)充气法。如图4-15所示,用带有气压表的专用检验器对燃烧室内充入60~70kPa的相对压力,然后观察气压表读数在规定时间内是否下降,如果读数不下降,则说明气门与气门座之间的密封性良好,否则应重新修理气门座和研磨气门。

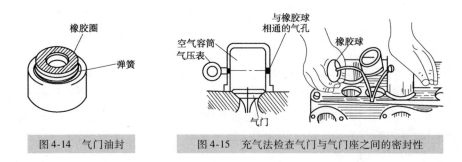

图4-14 气门油封　　图4-15 充气法检查气门与气门座之间的密封性

(3)画线法。如图4-16所示,用铅笔在气门锥面上每隔4mm画上一条线条,然后将该气门装入相应气门座,略压紧并转动气门45°~90°,取出气门,检查铅笔线条,如果线条被均匀切断,则表示气门与气门座之间的密封良好,否则应重新修理气门座和研磨气门。

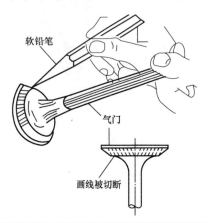

图4-16 划线法检查气门与气门座之间的密封性

引导问题6 什么是气门间隙?气门间隙对发动机有何影响?

为补偿气门及其传动机构零件受热后的膨胀量,通常在发动机冷态装配时,在气门组与气门传动组之间留有一定的间隙,这一间隙称为气门间隙,如图4-17所示。

如果气门间隙过小,会导致气门关闭不严、漏气,使发动机功率下降甚至使气门烧坏;如果间隙过大,会导致配气机构异响,加速零件磨损,同时会使气门开启的持续时间减少,充气效率降低。因此发动机在冷态装配时要保持适当的气门间隙。调整气门间隙的基本原则是:必须在规定的冷机或热机状态下气门完全关闭时进行,可通过调整气门摇臂上的调整螺钉进行调整,如图4-18所示。现在多数发动机都装液压挺柱,以实现配气机构无气门间隙传动,气门间隙也无须调整。

学习任务四　发动机动力不足的检修（二）

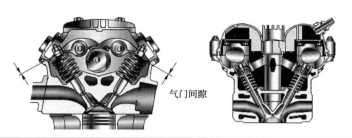

图4-17　气门间隙

引导问题7　**气门传动组各零部件的功用及结构特点如何？**

气门传动组的作用是使气门按发动机配气相位规定的时刻及时开、闭，并保证气门符合规定的开启时间和开启高度。由于配气机构的布置形式多样，气门传动组的差别也很大。

1　凸轮轴

凸轮轴主要由各缸进排气凸轮和凸轮轴轴颈等组成，如图4-19所示。进排气凸轮用于使气门按一定的工作次序和配气相位及时开闭，并保证气门有足够的升程。

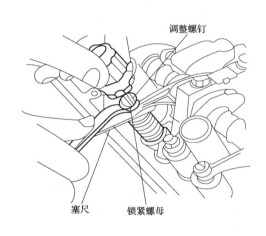

图4-18　气门间隙调整

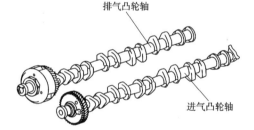

a) 直列6缸双凸轮轴顶置式(DOHDC)用凸轮轴

b) 直列4缸单凸轮轴顶置式(SOHC)用凸轮轴

图4-19　凸轮轴的结构

2　挺柱

挺柱的作用是将凸轮的推力传递给推杆或气门杆，并承受凸轮轴旋转时所施加的侧向力。挺柱可分为普通挺柱和液压挺柱两种。

（1）普通挺柱。配气机构采用的普通挺柱有筒式和滚轮式两种结构形式，如图4-20所示。筒式挺柱中间为空心，在挺柱圆周钻有通孔，便于筒内收集的机油流出，对挺柱底面及凸轮加以润滑；滚轮式挺柱可以减少磨损，但结构较复杂，质量较大，多用于大

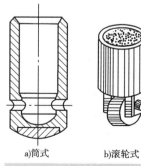

a) 筒式　　b) 滚轮式

图4-20　普通挺柱

缸径柴油机的配气机构上。

（2）液压挺柱。乘用车发动机普遍采用液压挺柱，液压挺柱的长度能自动调整，故不需要预留气门间隙，也没有气门间隙调整装置，如图4-21所示。液压挺柱由挺柱体、油缸、柱塞、单向球阀、单向球阀弹簧和柱塞弹簧等部件组成。

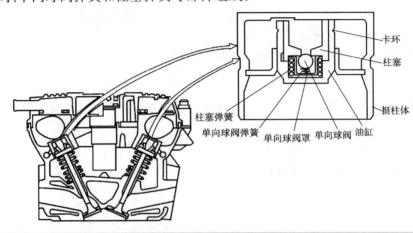

图4-21 液压挺柱结构

液压挺柱的工作原理如图4-22所示。当凸轮轴转动，凸轮的凸起部分与挺柱顶面接触时，挺柱在凸轮推动力作用下向下移动，高压腔内的机油被压缩，单向球阀在压力差和单向球阀弹簧的作用下关闭，高、低压油腔被分隔开。由于液体的不可压缩性，整个挺柱如同一个整体一样下移推开气门并保证气门升程。

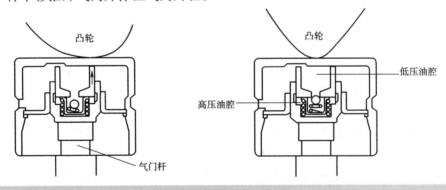

图4-22 液压挺柱的工作原理

当挺柱开始上行返回时，在弹簧向上顶压和凸轮下压的作用下，高压油腔继续封闭，液压挺柱仍可认为是一个刚体，直至上行到凸轮处于基圆即气门关闭时为止。此时，汽缸盖主油道中的机油经量孔、斜油孔和挺柱体上的环形油槽再次进入挺柱的低压油腔，由于挺柱不再受凸轮推动力和气门弹簧力的作用，高压油腔中的机油与复位弹簧推动柱塞上行，高压油腔的油压下降，单向球阀打开，使低压腔和高压腔连通充满机油。这时，液压挺柱的顶面仍然和凸轮表面紧贴，从而起到了补偿气门间隙的作用。

当气门受热膨胀时，柱塞和油缸作轴向相对运动，高压油腔中机油可经过油缸与柱塞间缝隙被挤入低压油腔。因此使用液压挺柱时，可以不预留气门间隙。

3 摇臂

摇臂的功用是将凸轮轴(或推杆)传递来的力作用到气门杆尾部,推开气门。摇臂实际上是利用杠杆原理工作的,如图4-23所示。

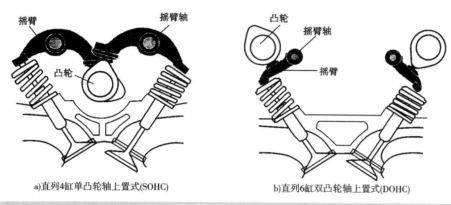

图4-23 摇臂

4 推杆

在凸轮轴下置式或中置式的配气机构中,凸轮轴经挺柱传递来的运动和作用力要通过推杆传递给摇臂。推杆可采用实心的,也可以采用空心的。推杆的结构形式如图4-24所示。

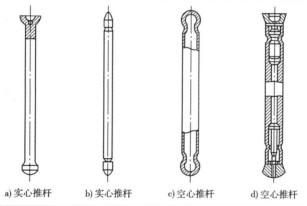

图4-24 推杆

引导问题8 ▶ **什么是配气相位?**

用曲轴转角表示的进、排气门实际开闭时刻和开启持续时间,称为配气相位。通常用相对于上、下止点曲拐位置的曲轴转角的环形图来表示,这种图形称为配气相位图,如图4-25所示。

理论上,当曲拐处在上止点时进气门开启,处在下止点时进气门关闭;排气门则当曲拐在下止点时开启,在上止点时关闭。进气时间和排气时间各占180°曲轴转角。但实际上发

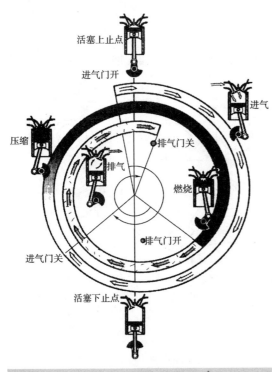

图4-25 配气相位图

动机转速很高,活塞每一行程历时相当短,简单的配气相位势必会造成进气不足和排气不净,从而使发动机功率下降。因此,现代发动机都采取延长进、排气时间的方法以适应发动机工作的需要。

(1)进气门早开和晚关。在排气行程接近终了,活塞到达上止点之前,进气门便开始开启,直到活塞越过了下止点以后,进气门才关闭。进气门提前开启的目的是:为了保证进气行程开始时进气门已开大,减小了进气阻力,新鲜气体能顺利地充入汽缸;进气门迟后关闭的目的是:由于活塞到达下止点时,汽缸内压力仍低于大气压力,且气流还有相当大的惯性,可以利用气流惯性和压力差继续进气。

(2)排气门早开和晚关。在做功行程接近终了,活塞到达下止点之前,排气门便开始开启,直到活塞越过上止点后,排气门才关闭。排气门提前开启的目的是:当做功行程活塞接近下止点时,汽缸内的气体压力对做功的作用已经不大,但仍比大气压力高,可利用此压力使汽缸内的废气迅速地自由排出;排气门迟后关闭的目的是:由于活塞到达上止点时,汽缸内的残余废气压力高于大气压力,加之排气时气流有一定的惯性,仍可以利用气流惯性和压力差把废气排放得更干净。

(3)气门叠开。由于进气门在上止点前即开启,而排气门在上止点后才关闭,这就出现了在一段时间内,进、排气门同时开启的现象,这种现象称为气门叠开。由于新鲜气流和废气流的流动惯性都比较大,在短时间内是不会改变流向的,因此只要气门叠开角度选择适当,就不会有废气倒流入进气管和新鲜气体随同废气排出的可能性。

引导问题9 发动机对配气相位的要求有哪些?

配气相位固定的发动机,当发动机在低转速工作时,空气流速较慢且真空度大,会使废气倒流,造成发动机怠速不稳、功率下降;当发动机高转速工作时,会造成发动机进气时间短,进气不足、排气不净、功率下降。因此,理想配气相位应该随着发动机的转速、负荷及其他工况的变化而改变,这样可提高发动机低速时的转矩和高速时的功率,发动机性能有很大改善。随着发动机转速提高,气门提前开启角度和迟后关闭角度应增大,反之则应减小。

引导问题10 什么是可变配气相位?可变配气相位的形式有哪些?

由于发动机对配气相位变化的要求,因此现代发动机上广泛采用进、排气门的开启和关闭时间可根据发动机转速变化进行调节的可变的配气相位装置。当发动机转速高时,增大进气门的升程,提前开启和延迟关闭进气门,提高发动机的功率;当发动机转速低时,减少进气门的升程,延迟开启和提前关闭进气门,提高发动机的转矩,以满足发动机对经济性、稳定性和减少排放污染物的要求。

1 大众车系可变配气相位机构

奥迪 A6、上海帕萨特 B5 乘用车装备的 ANQ5 发动机可变配气相位机构的结构如图 4-26 所示。它有 3 个进气门,排列位置错开,打开的时间也不同(中间的气门先打开),使发动机吸入的新鲜空气产生旋涡,加速和优化混合气的雾化,提高发动机的功率和转矩。

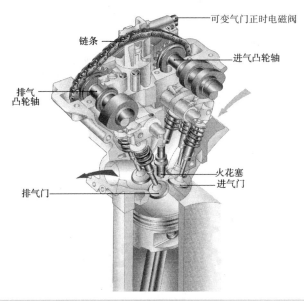

图 4-26 ANQ5 发动机配气机构

(1)结构。可变气门正时调整器的结构如图 4-27 所示。曲轴通过齿形带首先驱动排气凸轮轴旋转,排气凸轮轴通过链条驱动进气凸轮轴旋转,在两轴之间设置一个可变气门正时调整器,在内部液压缸的作用下,调整器可以上升和下降,由于排气凸轮轴的位置是不可以调节的,因此,调整器的上升和下降就可以调节发动机进气凸轮轴的位置。液压缸的油路与汽缸盖上的油路连通,工作压力由可变气门正时电磁阀控制,可变气门正时电磁阀由 ECU 进行控制。

(2)工作原理。可变气门正时调整器工作原理示意图如图 4-28 所示。当发动机高速状态时(为了充分利用进气流的惯性,要求增大进气迟后关闭角度),正时调整器向上运动,使链条的上部被张紧,下部被放松。排气凸轮轴首先要拉紧下部链条成为紧边,进气凸轮轴才能被排气凸轮轴带动。就在下部链条由松变紧的过程中,排气凸轮轴已转过了一个角度,进气凸轮才开始动作,进气门关闭得较迟,从而使发动机在高速时产生高功率。

当发动机转速较低时(要求进气门迟后关闭角度减小),正时调整器向下运动,使上部链条被放松,下部链条被张紧。由于排气凸轮轴受到正时齿形带的制约不能转动,从而使进气凸轮轴偏转一个角度,较早关闭进气门,使发动机在中速和低速范围内能产生高转矩。

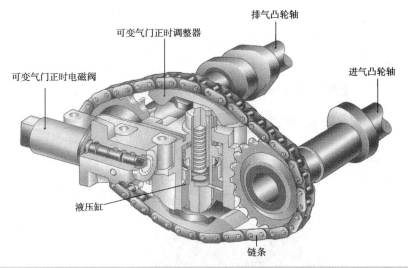

图4-27　ANQ5发动机可变气门正时调整器结构

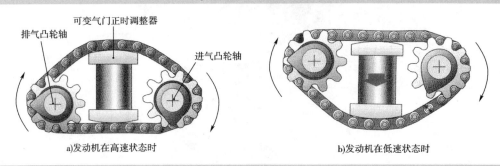

图4-28　可变气门调整器工作原理示意图

2 本田车系可变配气相位和气门升程机构（VTEC）

本田汽车公司研制的"可变气门配气相位和气门升程电子控制系统"，英文缩写为"VTEC"，它是同时控制气门开闭时间及升程两种不同情况的气门控制系统。与普通发动机相比，VTEC发动机同样有4气门（2进2排）、凸轮轴和摇臂等，不同的是凸轮与摇臂的数目及控制方法。

（1）VTEC机构的结构。VTEC机构的组成如图4-29所示。同一缸的2个进气门有主、次之分，即主进气门和次进气门。每个进气门通过单独的摇臂驱动，驱动主进气门的摇臂称为主摇臂，驱动次进气门的摇臂称为次摇臂，在主摇臂和次摇臂之间装有一个中间摇臂，中间摇臂不与任何气门直接接触，3个摇臂并列在一起组成进气摇臂总成。凸轮轴上相应有3个不同升程的凸轮分别驱动主摇臂、中间摇臂和次摇臂，凸轮轴上的凸轮也相应分为主凸轮、中间凸轮和次凸轮。在凸轮形状设计上，中间凸轮的升程最大，次凸轮的升程最小。主凸轮的形状适合发动机低速时主进气门单独工作时的配气相位要求，中间凸轮的形状适合发动机高速时主进气门和次进气门同时工作时的配气相位要求。

正时板的功用是正时活塞处于初始位置和工作位置时，靠复位弹簧使正时板插入正时活塞相应的槽中，使正时活塞定位。

进气摇臂总成如图 4-30 所示,在 3 个摇臂靠近气门的一端均设有油缸孔,油缸孔中装有靠液压控制的正时活塞、同步活塞、阻挡活塞及弹簧。正时活塞一端的油缸孔与发动机的润滑油道连通,ECU 通过电磁阀控制油道的通与断。

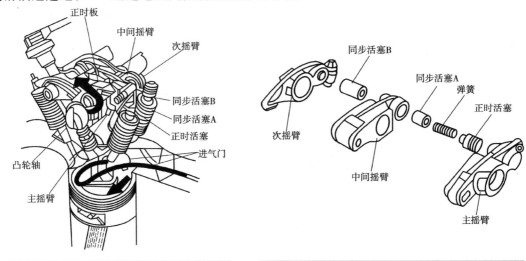

图 4-29　VTEC 机构的组成　　　　　图 4-30　进气摇臂总成

VTEC 配气机构与普通配气机构相比,在结构上的主要区别是凸轮轴上的凸轮较多,且升程不等,进气摇臂总成的结构复杂。排气门的工作情况与普通配气机构相同。

(2) VTEC 机构的工作原理。VTEC 机构的工作原理如图 4-31 所示,VTEC 机构根据发动机转速、负荷等变化来改变驱动同一汽缸两进气门工作的凸轮,以调整进气门的配气相位及升程,并实现单进气门工作和双进气门工作的切换。

发动机低速运转时,VTEC 机构使 3 个摇臂彼此分离,如图 4-31a) 所示。此时,主凸轮通过主摇臂驱动主进气门,中间凸轮驱动中间摇臂空摆;次凸轮的升程非常小,通过次摇臂驱动次进气门微量开启,其目的是防止次进气门附近积聚燃油。配气机构处于单进气门、双排气门工作状态,单进气门由主凸轮驱动。

当发动机高速运转,且发动机转速、负荷、冷却液温度及车速达到设定值时,计算机控制 VTEC 机构将主摇臂与中间摇臂、次摇臂与中间摇臂插接成一体,成为一个同步工作的组合摇臂,如图 4-31b) 所示。此时,由于中间凸轮升程最大,组合摇臂受中间凸轮驱动,2 个进气门同步工作,进气门的配气相位和升程与发动机低速时相比,其升程、提前开启角度和迟后关闭角度均增大。当发动机转速下降到设定值时,计算机控制电路切断 VTEC 机构电磁阀电流,正时活塞一侧的机油压力降低,各摇臂油缸孔内的活塞在复位弹簧作用下复位,3 个摇臂又彼此分离而独立工作。

3　丰田车系可变配气相位机构(VVT-i)

丰田车系可变配气相位机构的组成如图 4-32 所示,主要由 VVT-i 控制器、凸轮轴正时控制阀、传感器(曲轴位置传感器和 VVT 传感器)3 部分组成。其控制原理是通过 VVT-i 控制器改变凸轮轴与凸轮轴正时齿轮的相对位置来实现配气相位的变化。

VVT-i 控制器的结构如图 4-33 所示,它包括由正时齿形带驱动的外齿轮、与进气凸轮轴刚性连接的内齿轮和连接内外齿轮的可动活塞等组成。当发动机转速发生变化时,发动机电脑控制压力润滑油进入可动活塞的左侧或右侧,使活塞产生位移,由于可动活塞上的螺旋形花键的作用,会使凸轮轴相对于凸轮轴正时齿轮转过一定的角度,当达到理想的配气正时,电脑会控制可动活塞两侧的压力平衡,活塞停止移动,使发动机获得最佳的配气相位。

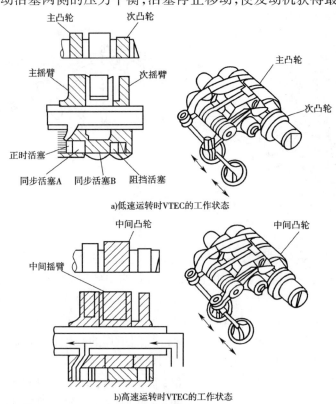

图 4-31　VTEC 的工作原理

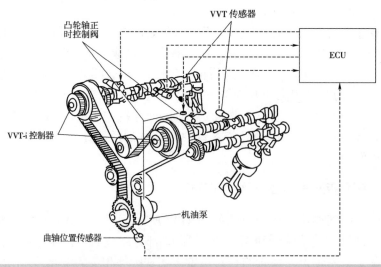

图 4-32　丰田车系可变配气相位机构(VVT-i)的组成

目前，在发动机的进气凸轮和排气凸轮侧都装有VVT-i控制器，能使进气凸轮轴和排气凸轮轴分别在40°和35°（曲轴角度）范围内，提供更适合发动机运行状态的配气正时。能改善所有转速范围内的转矩，提高了动力性和燃油经济性。

4 奔驰车系可变配气相位机构

德国奔驰车系发动机装用的可变配气相位控制机构如图4-34所示，该发动机共有两根进气凸轮轴和两根排气凸轮轴，采用链传动，它是通过改变进气凸轮轴与曲轴相对位置，来实现配气相位调节的。

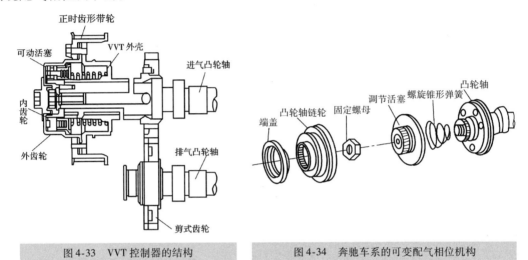

图4-33　VVT控制器的结构　　　　图4-34　奔驰车系的可变配气相位机构

进气凸轮轴链轮与凸轮轴连接凸缘之间装有调节活塞，使链轮与凸轮轴之间形成非刚性连接；ECU根据发动机转速信号、车速信号和挡位信号，通过电磁线圈和衔铁分别对左右两根进气凸轮轴配气相位进行控制；发动机工作中，ECU控制电路使线圈通电时，线圈产生的电磁力通过衔铁对调节活塞施加转动力矩，使进气凸轮轴沿其旋转方向相对其驱动链轮转过一定角度，该凸轮轴驱动的进气门配气相位提前；反之，线圈断电时，则使配气相位推迟。

5 宝马车系可变配气相位和气门升程机构

宝马车系可变配气相位和气门升程机构如图4-35所示，该机构是通过改变摇臂的角度来实现配气相位和气门升程的改变的。该控制机构是由电动机驱动的，电动机通过蜗杆传动齿轮，然后由齿轮上的凸轮带动摇臂运动来改变摇臂的控制角度，然后在凸轮轴

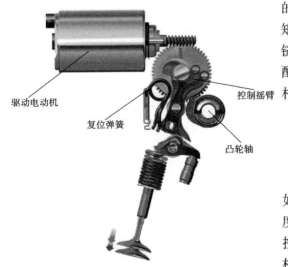

图4-35　宝马车系的可变配气相位和气门升程机构

的驱动下由摇臂带动气门运动。由于是通过电动机控制的,所以可以在一定区域内做无级调节气门开度,配气机构在各转速下的适应性也更强,能最大限度地提高发动机充气效率。目前已经把这套系统装备到了宝马的主流发动机上,像以宝马745i、530i和330i为代表的直列6缸发动机和V形8缸发动机都装备了该系统。

引导问题11 发动机动力不足的检修工艺流程如何?

发动机动力不足的检修工艺流程如图4-36所示。

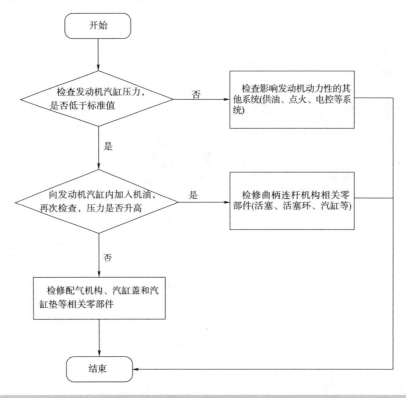

图4-36 发动机动力不足的检修工艺流程

二、实 施 作 业

引导问题12 作业需要哪些工具、设备和材料?

(1)普通工具:组合扳手、螺丝刀、钳子、扭力扳手、木块、尖嘴钳、磁棒、衬垫刮刀、气门座铰刀、发动机台架和V形块等。

(2)专用工具:SST09213-58013 曲轴带轮固定工具、SST09330-00021 接合法兰固定工具、SST09051-1C110 塑料锤420g、SST09268-21010 燃油软管拉出器、SST09950-50013 拉出器

C 组件、"TORX"套筒扳手(E8)、SST09205-16010 汽缸盖螺栓扳手、SST09202-70020 气门弹簧压缩工具、SST09202-00010 连接件、SST09201-41020 气门杆油封拆装工具和 SST09276-75010 气门挺杆工具。

(3)检测工具：百分表、塑料间隙规、游标卡尺、钢角尺和外径千分尺等。
(4)磁力护裙(图 1-15)、转向盘护套、变速杆手柄套、脚垫和座椅套。
(5)举升机、卡罗拉(1.6L)乘用车(图 1-16)。
(6)研磨剂、丰田原厂黑密封胶、丰田原厂黏合剂和丰田专用机油等。
(7)卡罗拉(1.6L)乘用车维修手册。

引导问题 13　通过查询和查找，填写以下信息。

生产年份_____，车牌号码_____，行驶里程_____，发动机型号及排量_____，车辆识别代码(VIN)_____。

引导问题 14　如何检查气门传动组零部件？

1 拆卸气门传动组零部件

拆卸凸轮轴正时齿轮、凸轮轴、气门摇臂、气门间隙调节器等气门传动组零部件的具体过程参见"学习任务三"的相关内容。

2 检查气门传动组零部件

1)检查气门间隙调节器总成
(1)将气门间隙调节器放入装有机油的容器中。
(2)如图 4-37 所示，将 SST 顶端插入气门间隙调节器的柱塞中，并用顶端挤压柱塞中的单向球。

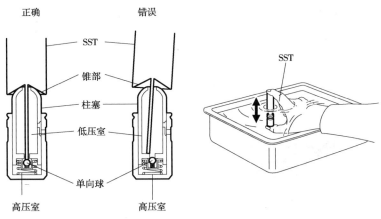

图 4-37　检查气门间隙调节器总成

(3)将SST和气门间隙调节器压在一起,上下移动柱塞5~6次。
(4)检查柱塞的运动情况并放气。正常:柱塞上下移动。

从高压室放气时,确保SST的端部已压住单向球(图4-37)。如果没有压住单向球,空气不会从高压室排出。

(5)放气后,拆下SST。然后用手指迅速且用力地按压柱塞。正常:柱塞很难移动。如果结果不符合规定,则更换气门间隙调节器。

使气门间隙调节器远离灰尘和异物;要使用干净的机油。

2)检查气门摇臂分总成
如图4-38所示,用手转动滚针,检查转动是否平稳。

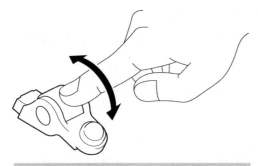

图4-38 检查1号气门摇臂分总成

如果滚针转动不平稳,则更换气门摇臂分总成。

3)检查进气凸轮轴正时齿轮总成
(1)安装进气凸轮轴正时齿轮。
(2)检查进气凸轮轴正时齿轮的锁止情况。确认凸轮轴正时齿轮锁止。

(3)松开锁销。
①如图4-39所示,用塑料带盖住凸轮轴颈上的4个通道。

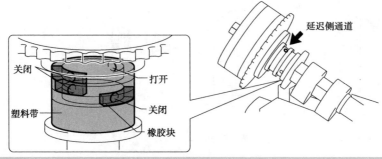

图4-39 检查凸轮轴正时齿轮总成(1)

凸轮轴凹槽内有4个通道。用橡胶块塞住其中3个通道。

②在提前侧通道的胶带上刺一个孔,在延迟侧通道的胶带(即提前侧通道胶带的相对一侧)上刺一个孔。

③如图4-40所示,向油道施加约150kPa的空气压力时,向提前方向(逆时针)用力转动凸轮轴正时齿轮总成。

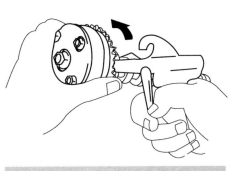

图4-40 检查凸轮轴正时齿轮总成(2)

施加压力时用布盖住通道,以防止机油飞溅。不要锁止凸轮轴正时齿轮总成。如果已锁止,则重新松开锁销。在没有施加力的情况下,凸轮轴正时齿轮总成可能朝提前方向转动。如果由于孔口漏气而难以施加足够的空气压力,锁销可能难以松开。

(4)检查转动是否顺畅。在可移动范围(26.5°~28.5°)内旋转凸轮轴正时齿轮2~3次,但不要将其转到最大延迟位置。确保齿轮转动顺畅。

不要锁止凸轮轴正时齿轮总成。如果已锁止,则重新松开锁销。

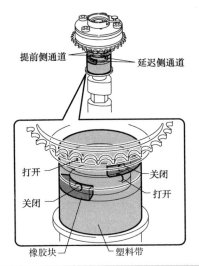

图4-41 检查排气凸轮轴正时齿轮总成(1)

4)检查排气凸轮轴正时齿轮总成
(1)安装凸轮轴正时齿轮。
(2)检查排气凸轮轴正时齿轮的锁止情况,确保排气凸轮轴正时齿轮已锁止。
(3)松开锁销。
①如图4-41所示,用塑料带盖住凸轮轴颈上的4个通道。

凸轮轴凹槽内有4个通道。用橡胶块塞住2个通道。

②在提前侧通道的胶带上刺一个孔,在延迟侧通道的胶带(即提前侧通道胶带的相对一侧)上刺一个孔。

③如图4-42所示,向这2个穿透的通道(提前侧通道和延迟侧通道)施加大约200kPa的空气压力。

施加压力时用布盖住通道,以防止机油飞溅。

④如图4-43所示,降低施加到提前侧通道的空气压力时,确保排气凸轮轴正时齿轮朝延迟方向旋转。

锁销松开并且排气凸轮轴正时齿轮朝延迟方向转动。

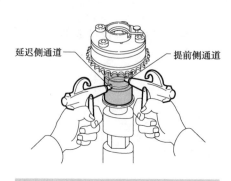

图4-42 检查排气凸轮轴正时齿轮总成(2)

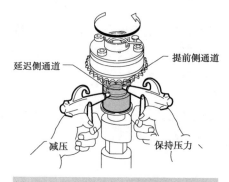

图4-43 检查排气凸轮轴正时齿轮总成(3)

⑤排气凸轮轴正时齿轮移动到最大延迟位置时,先释放提前侧通道的空气压力,然后释放延迟侧通道的空气压力。

一定要先释放提前侧通道的空气压力。如果先释放延迟侧通道的空气压力,则排气凸轮轴正时齿轮可能会突然转到提前方向,并且损坏锁销或其他零件。

(4)检查转动是否顺畅。在可移动范围(19°~21°)内转动排气凸轮轴正时齿轮2~3次,但不要将其转到最大提前位置。确保齿轮转动顺畅。

注意

先释放提前侧通道的空气压力,然后释放延迟侧通道的空气压力时,由于提前辅助弹簧的作用,齿轮将自动回到最大提前位置并锁止。检查转动是否顺畅前,逐渐释放延迟侧通道的空气压力。

(5)检查在最大提前位置的锁止情况。确保排气凸轮轴正时齿轮在最大提前位置锁止。

5)检查凸轮轴正时链轮总成

如图4-44所示,将链条绕在链轮上,用游标卡尺测量链轮和链条的直径。最小链轮直径(带链条):96.8mm。

注意

测量时,游标卡尺的测量爪必须与链轮接触。如果直径小于最小值,则更换链条和链轮。

6)检查凸轮轴

(1)检查凸轮轴的径向圆跳动。如图4-45所示,将凸轮轴放在V形块上,用百分表测量中心轴颈的径向圆跳动。最大径向圆跳动:0.04mm。如果径向圆跳动大于最大值,则更换凸轮轴。

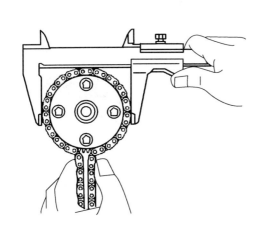

图4-44 检查凸轮轴正时链轮总成

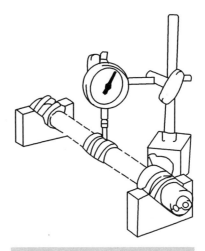

图4-45 检查凸轮轴的径向圆跳动

(2)检查凸轮凸角。如图4-46所示,用外径千分尺测量凸轮凸角的高度。标准进气凸轮凸角高度:42.816～42.916mm,最小凸轮凸角高度:42.666mm;标准排气凸轮凸角高度:44.336～44.436mm,最小凸轮凸角高度:44.186mm。如果凸轮凸角高度小于最小值,则更换凸轮轴。

(3)检查凸轮轴轴颈。如图4-47所示,用外径千分尺测量轴颈的直径。1号轴颈标准直径:34.449~34.465mm;其他轴颈标准直径:22.949~22.965mm。如果轴颈直径不符合规定,则检查凸轮轴径向间隙。

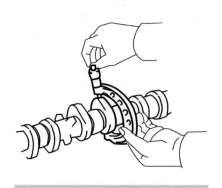

图4-46 检查凸轮凸角

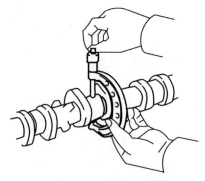

图4-47 检查凸轮轴轴颈

(4)检查凸轮轴轴向间隙。

①安装凸轮轴。

②如图4-48所示,来回移动凸轮轴的同时,用百分表测量轴向间隙。进排气凸轮轴的标准轴向间隙:0.06~0.155mm,最大轴向间隙:0.17mm。如果轴间隙大于最大值,则更换凸轮轴壳。如果止推面损坏,则更换凸轮轴。

(5)检查凸轮轴径向间隙。

①清洁轴承盖和凸轮轴轴颈。

②将凸轮轴放到凸轮轴壳上。

③如图4-49所示,将塑料间隙规摆放在各凸轮轴轴颈上。

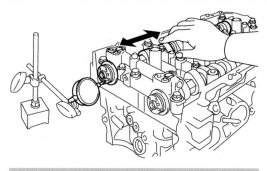

图4-48 检查凸轮轴轴向间隙

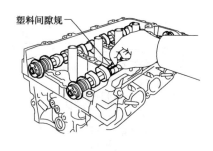

图4-49 检查凸轮轴径向间隙(1)

④安装轴承盖。

注意

不要转动凸轮轴。

⑤拆下轴承盖。

⑥如图4-50所示,测量塑料间隙规最宽处。凸轮轴1号轴颈的标准径向间隙:0.030~0.063mm,最大径向间隙:0.085mm;凸轮轴其他轴颈的标准径向间隙:0.035~0.072mm,最大径向间隙:0.09mm。如果径向间隙大于最大值,则更换凸轮轴。如有必要,则更换汽缸盖。

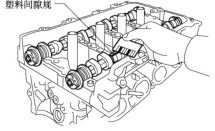

图4-50 检查凸轮轴径向间隙(2)

注意

检查后完全清除塑料间隙规。

引导问题15 如何拆卸气门组零部件?

气门组零部件的分解图如图4-51所示。

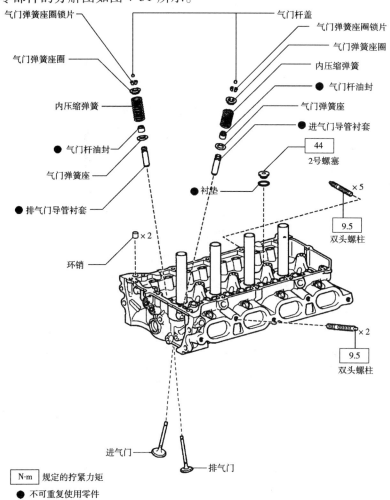

图4-51 气门组件的分解图

气门组零部件的拆卸步骤如下。

(1) 拆卸气门杆盖。如图4-52所示,从汽缸盖上拆下气门杆盖。

按正确的顺序摆放拆下的零件。

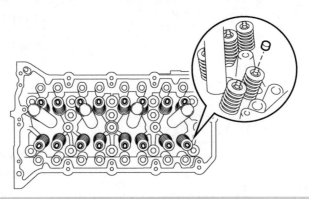

图4-52　气门组件的拆卸(1)

(2) 拆卸气门。如图4-53所示,用SST和木块压缩并拆下气门座圈锁片。拆下弹簧座圈、气门弹簧和气门。

按正确的顺序摆放拆下的零件。

(3) 拆卸气门杆油封。如图4-54所示,用尖嘴钳拆下油封。

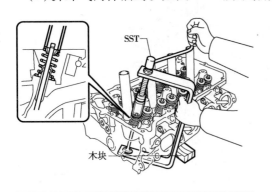

图4-53　气门组件的拆卸(2)

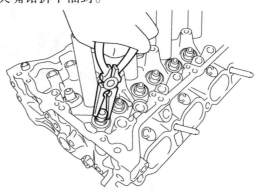

图4-54　气门组件的拆卸(3)

(4) 拆卸气门弹簧座。如图4-55所示,用压缩空气和磁棒,吹入空气以拆下气门弹簧座。

(5)拆卸2号螺塞。如图4-56所示,用10mm六角扳手拆下3个螺塞和3个衬垫。

> **注意**
>
> 如果螺塞漏水或螺塞腐蚀,则将其更换。

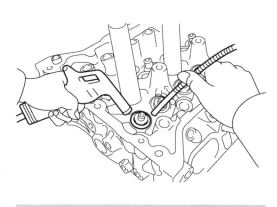

图4-55 气门组件的拆卸(4)

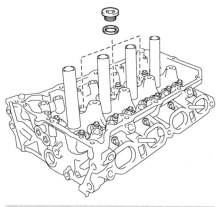

图4-56 气门组件的拆卸(5)

引导问题16 ▶ 如何检查气门组各零部件?

1 检查气门和气门座密封情况

(1)在气门锥面上涂抹一薄层普鲁士蓝。
(2)使气门锥面轻压气门座。
(3)按下列步骤检查气门锥面和气门座。
①如果整个360°气门锥面均出现普鲁士蓝,则气门锥面是同心的。否则,更换气门。
②如果整个360°气门座均出现普鲁士蓝,则气门导管和气门锥面是同心的。否则,重修气门座表面。
③检查并确认进气门座接触面在气门锥面的中部,进气门座宽度在1.0~1.4mm。
④检查并确认排气门座接触面在气门锥面的中部,排气门座宽度在1.0~1.4mm。

2 检查气门

(1)检查气门长度。如图4-57所示,使用游标卡尺测量气门的总长度。标准总长度:进气门为109.34mm,排气门为108.25mm。最小总长度:进气门为108.84mm,排气门为107.75mm。如果总长度小于最小值,则更换气门。
(2)检查气门杆直径。如图4-58所示,使用外径千分尺测量气门杆直径。气门杆直径:进气门为5.470~5.485mm,排气门为5.465~5.480mm。如果气门杆直径不符合规定,则检查径向间隙。

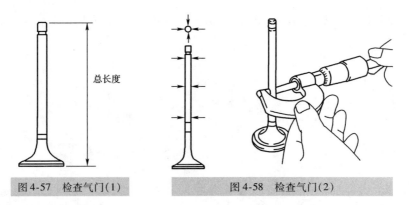

图 4-57 检查气门(1)　　图 4-58 检查气门(2)

(3)检查气门头厚度。如图 4-59 所示,使用游标卡尺测量气门头部边缘厚度。标准边缘厚度:进气门为 1.0mm,排气门为 1.01mm。最小边缘厚度:进气门为 0.5mm,排气门为 0.5mm。如果边缘厚度小于最小值,则更换气门。

3 检查气门弹簧

(1)检查气门弹簧的自由长度。如图 4-60 所示,使用游标卡尺测量气门弹簧的自由长度。自由长度:53.36mm。如果自由长度不符合规定,则更换气门弹簧。

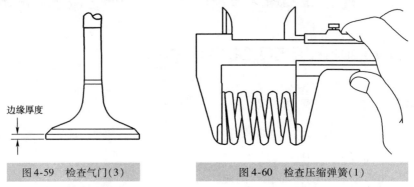

图 4-59 检查气门(3)　　图 4-60 检查压缩弹簧(1)

(2)检查气门弹簧的偏移量。如图 4-61 所示,使用钢角尺测量气门弹簧的偏移量。最大偏移量:1.0mm。如果偏移量大于最大值,则更换气门弹簧。

4 检查气门导管衬套径向间隙

(1)如图 4-62 所示,使用测径规测量气门导管衬套内径。衬套内径:5.510～5.530mm。

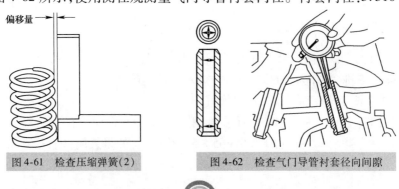

图 4-61 检查压缩弹簧(2)　　图 4-62 检查气门导管衬套径向间隙

（2）用导管衬套内径测量值减去气门杆直径测量值。进气门导管标准径向间隙：0.025～0.060mm，最大径向间隙：0.080mm；排气门导管标准径向间隙：0.030～0.065mm，最大径向间隙：0.085mm。如果间隙大于最大值，则更换气门和导管衬套。

 **如何维修气门座？**

> **注意**
> 检查气门落座位置的同时维修气门座。使唇口远离异物。

（1）如图4-63所示，用45°铰刀修整气门座表面，使气门座宽度大于规定值。

（2）如图4-64所示，用30°和75°铰刀修整气门座，使气门可以接触到气门座的整个圆周。应在气门座的中心接触，且气门座宽度应保持在气门座整个圆周的规定范围内。进排气门座宽度：1.0～1.4mm。

（3）用研磨剂对气门和气门座进行手工研磨。

（4）检查气门落座位置。

图4-63 气门座的维修（1）

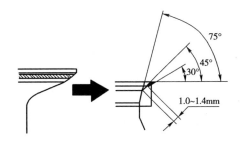

图4-64 气门座的维修（2）

 **如何重新装配气门组零部件？**

（1）安装2号螺塞（图4-56）。用10mm六角扳手安装3个新衬垫和3个螺塞。

（2）将气门弹簧座安装到汽缸盖上。

（3）安装气门杆油封。

①如图4-65所示，在新油封上涂抹一薄层机油。

> **注意**
> 安装进气门和排气门油封时应特别注意。例如，将进气门油封安装至排气侧或将排气门油封安装至进气侧，会导致以后的安装故障。进气门油封为灰色，排气门油封为黑色。

②如图4-66所示,用SST 09201-41020压入油封。

> **注意**
> 若不用SST会造成油封损坏或安装不到位。

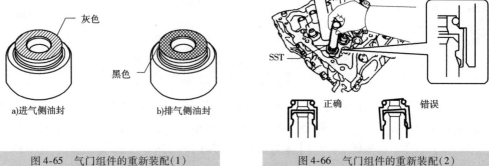

图4-65 气门组件的重新装配(1)　　　　图4-66 气门组件的重新装配(2)

(4)安装气门。

①如图4-67所示,在气门的顶部涂抹足量机油。将气门、压缩弹簧和弹簧座圈安装到汽缸盖上。

> **注意**
> 将原来的零件按照原来的组合安装到原位。

②用SST和木块压缩弹簧并安装2个座圈锁片(图4-53)。

③如图4-68所示,用塑料锤轻敲气门杆顶部以确保安装到位。

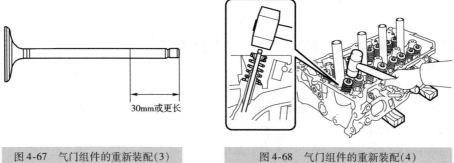

图4-67 气门组件的重新装配(3)　　　　图4-68 气门组件的重新装配(4)

> **注意**
> 不要损坏气门杆顶部,不要损坏座圈。

三、评价与反馈

（1）对本学习任务进行评价，见表4-1。

评 分 表　　　　　　　　　　　　　　　　表4-1

考核项目	评分标准	分数	学生自评	小组评价	教师评价	小计
团队合作	是否协调	5				
活动参与	是否积极主动	5				
安全生产	有无安全隐患	10				
现场5S	是否做到	10				
任务方案	是否正确、合理	15				
操作过程	拆卸配气机构零部件；检修气门组和气门传动组零部件；安装配气机构零部件	30				
任务完成情况	是否圆满完成	5				
工具和设备使用	是否规范、标准	10				
劳动纪律	是否能严格遵守	5				
工单填写	是否完整、规范	5				
总分		100				
教师签名：			年　月　日		得分	

（2）在实施作业时每一个安全事项都注意到了吗？如果没有，找出忽略的地方和原因。

（3）能否向车主解释发动机动力不足与配气机构的关系？如果不能，分析原因并提出改进措施。

四、学习拓展

（1）查阅科鲁兹（1.6L）乘用车维修手册，比较科鲁兹（1.6L）乘用车与卡罗拉（1.6L）乘用车在配气机构的布置和结构上有什么区别。

（2）查阅相关资料，说明什么是"双排不进"气门间隙调整法。

学习任务五

冷却液的检查和更换

学习目标

完成本学习任务后,你应当能:
1. 叙述发动机冷却系统的功用、组成和工作原理;
2. 明确冷却液的作用、选用原则和更换周期;
3. 正确地使用工具和设备;
4. 规范地检查冷却液液面高度和添加冷却液;
5. 正确地检查冷却液品质;
6. 规范地更换冷却液。

 建议完成本学习任务的时间为 **4 课时**。

 学习任务描述

一辆卡罗拉(1.6L)乘用车,到维修站检查,车主反映很久没有更换冷却液了,要求维修人员按照"维护标准和要求"对冷却液进行检查和更换。

学习任务五 冷却液的检查和更换

学习内容

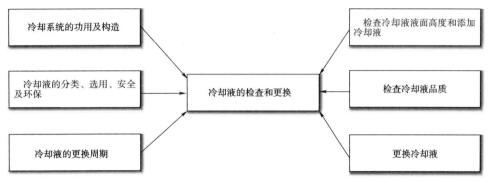

一、资料收集

引导问题 1 冷却系统的功用是什么？由哪些零件组成？

发动机冷却系统的功用就是使工作中的发动机得到适度的冷却，从而保持发动机在最适宜的温度（80～90℃）范围内工作。另外，冷却系统还为暖风系统提供热源。

现代汽车多采用封闭式强制循环水冷却系统，即用水泵强制地使冷却液在冷却系统中进行循环流动，使发动机中高温零件的热量先传给冷却液，然后散发到大气中。

水冷却系统一般由水泵、散热器、节温器、冷却风扇、风扇控制机构、水套、膨胀水箱、温度指示器及报警灯等组成，如图5-1所示。

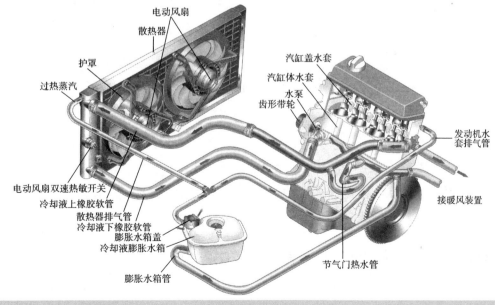

图5-1 发动机水冷却系统布置示意图

(1) 水泵。水泵是冷却系统动力源,其作用是对冷却液施加一定的压力,使冷却液在整个冷却系统中循环流动。

(2) 散热器。散热器的作用是储存冷却液并增大散热面积,加速冷却液的冷却速度。

(3) 节温器。节温器的作用是控制冷却液的循环路线及流量,自动调节冷却强度,保持冷却液正常的工作温度(95～105℃)。

(4) 风扇。风扇的作用是提高通过散热器芯的空气流速,增加散热效果,加速冷却液的冷却速度。

引导问题2 冷却液的循环路径如何?

发动机工作时,水泵将冷却液压入发动机汽缸体水套,然后流入汽缸盖水套吸收机体的热量。此后冷却液分两路循环,如图5-2所示,循环路径框图如图5-3所示。一路为小循环,即冷却液直接进入节温器后的水泵进水口,当冷却液的温度低于85℃时,进行小循环;另一路为大循环,即冷却液流经散热器冷却后,进入装在机体水泵进口处的节温器,流向水泵进水口。当冷却液高于85℃时,部分冷却液进行大循环,当冷却液温度达到(102±3)℃时,流经散热器的冷却液全都参加大循环,而小循环是常开的,这样可使冷却系统的温度提高到一个较高的水平,改善发动机的热效率,同时可以确保冷却系统始终有冷却液在循环,保持发动机在最佳温度下工作。

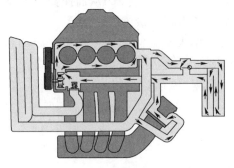
a) 冷却系统的小循环示意图

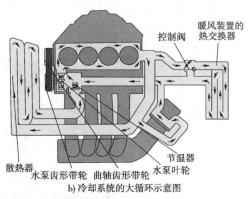
b) 冷却系统的大循环示意图

图5-2 冷却系统循环路径图

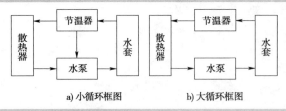

a) 小循环框图　　b) 大循环框图

图5-3 冷却系统循环路径框图

引导问题3 冷却液的类型有哪些?如何选用?

冷却液是发动机冷却系统中最重要的工作介质,冷却液由水、防冻剂、添加剂3部分组成,按防冻剂成分的不同可分为酒精型、甘油型和乙二醇型等冷却液。

酒精型冷却液是用乙醇作防冻剂,价格便宜,流动性好,配制工艺简单,但沸点较低、易挥发损失、冰点易升高、易燃等,现已逐渐被淘汰;甘油型冷却液沸点高、挥发性小、不易着火、无毒、腐蚀性小,但降低冰点效果不佳、成本高、价格昂贵,用户难以接受,只有少数北欧国家仍在使用;乙二醇型冷却液是用乙二醇作防冻剂,并添加少量抗泡沫、防腐蚀等综合添加剂配制而成。

由于乙二醇易溶于水,可以任意配成各种冰点的冷却液,其最低冰点可达 -68℃,这种冷却液具有沸点高、泡沫倾向低、黏温性能好、防腐和防垢等特点,是一种较为理想的冷却液,目前国内外发动机所使用的和市场上所出售的冷却液几乎都是乙二醇型冷却液。冷却液中水与乙二醇的比例不同,其冰点也不同(表5-1)。

冷却液的冰点与乙二醇质量分数的关系　　　　　　　　　　　　表5-1

冷却液冰点(℃)	乙二醇的质量分数(%)	水的质量分数(%)	冷却液冰点(℃)	乙二醇的质量分数(%)	水的质量分数(%)
-10	26.4	73.6	-40	52.3	47.7
-20	36.2	63.8	-50	58.0	42.0
-30	45.6	54.4	-60	63.1	36.9

冷却液牌号即为其冰点值,不同地区的选购参考值应有所区别,选用冷却液时,其冰点要低于环境最低温度10℃左右。建议选用牌号为:长江以北地区为 -25 号;东北地区、西北地区为 -35 号。不同厂家、不同牌号的冷却液不能混合使用,以免发生化学反应,破坏各自的性能,甚至损坏发动机。

引导问题4　冷却液的更换周期如何?

冷却液在高温状态下长期使用后,必然会导致变质,从而使其性能下降。为此,应定期更换冷却液。应按汽车使用说明书的规定要求选用和定期更换防冻冷却液(表5-2)。

不同牌号的防冻冷却液不可混用。

常见发动机冷却液更换周期　　　　　　　　　　　　表5-2

发动机型号	冷却液牌号	容量(L)	更换周期
卡罗拉(1.6L)乘用车发动机	Toyota Super Long Life Coolant(丰田高级长效冷却液)或类似的优质乙烯乙醇型冷却液	5.6(手动变速器车型)或5.5(自动变速器车型)	第一次行驶16万km,然后每行驶8万km更换一次
科鲁兹(1.6L)乘用车发动机	DEX-COOL	6.5	每24万km或5年
桑塔纳2000GSi乘用车AJR发动机	NO52 774 BO 或改进型冷却液 NO52 774 CO	6.0	行驶6万km或2年

注:行驶里程和年数,以先达到者为准。

引导问题5　对冷却液的环保和安全措施有哪些？

1 环境保护

（1）冷却液是一种对水有污染的液体,属于对水有轻微污染的物质,因此不允许将冷却液排入地表水域和下水道,作业时只能在防渗的地面上进行。

（2）废弃的冷却液必须单独盛装,并妥善保管和回收利用。

（3）沾上冷却液的抹布或物品,不得作为生活垃圾处理。

2 安全措施

（1）冷却液对人皮肤有损害,作业时应戴上个人防护装备。

（2）沾上冷却液的衣服或鞋,必须立即脱下并更换。

（3）皮肤接触到冷却液,立即用水和肥皂清洗并彻底冲洗。

（4）眼睛接触到冷却液,应翻开眼皮并用流水冲洗眼睛几分钟。

（5）吸入冷却液,立即漱口并喝下大量清水,然后尽快去医院治疗。

引导问题6　散热器的结构如何？

散热器的功用是使水套中出来的热水得到迅速冷却,以保持发动机的正常冷却液温度。散热器的主要组成为上储水室、下储水室、散热器芯（包括冷却管和散热带）和散热器盖等,如图5-4所示。

（1）上储水室和下储水室。上储水室顶部有加水口,平时用散热器盖盖住,并装有进水软管,与发动机上出水管相连。下储水室有出水管,用软管与水泵进水口相连。

（2）散热器芯。散热器芯由许多扁圆形的冷却管和散热片组成,如图5-5所示。冷却管焊接在上、下储水室之间,作为冷却液的通道。空气吹过管的外表面,从而使管内流动的水得到冷却。冷却管周围布置了很多散热片,用来增加散热面积,同时增加整个散热器的刚度和强度。

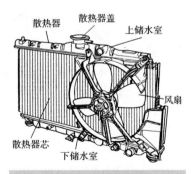

图5-4　散热器的组成

　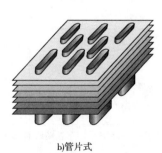

a) 管带式　　　　b) 管片式

图5-5　散热器芯的结构

（3）散热器盖。现代汽车发动机多采用封闭式水冷却系统，这种冷却系统的散热器盖装有一个空气阀和一个蒸汽阀，对冷却系统有密封加压作用。其工作过程如图5-6所示，当散热器中压力升高到一定压力时，蒸汽阀便开启，使水蒸气从通气孔排出，以防热膨胀压坏散热器芯管；当冷却液温度降低，冷却系统中蒸汽凝结为水，散热器内形成一定真空时，空气阀开启，空气从通气孔进入冷却系统，避免压力差将散热器芯管压瘪。

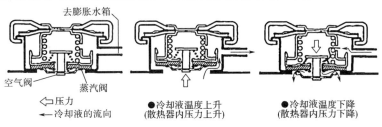

图5-6 具有空气阀和蒸汽阀的散热器盖

引导问题7 膨胀水箱的结构及作用如何？

现代乘用车发动机冷却系统都装有膨胀水箱，它利用水管与散热器盖上的蒸汽放出口相连，如图5-7所示。当冷却液受热膨胀时，散热器内多余的冷却液经水管流入膨胀水箱；当冷却液温度下降，缺少冷却液时，散热器内产生一定的真空，膨胀水箱内的冷却液又被吸回散热器内。因此，膨胀水箱的主要作用是将冷却系统形成了一个完全封闭的系统，减少冷却系统的内部氧化腐蚀及冷却液的耗损，保持冷却系统内冷却液液位稳定。同时，膨胀水箱要将冷却系统内的水汽分离，提高水泵的泵水量，减少水泵及水套的气穴腐蚀。

膨胀水箱多用半透明材料（如塑料）制成，透过箱体可直接观察到冷却液的液面高度，膨胀水箱上有"MAX"（高）和"MIN"（低）标记刻线，在使用和添加冷却液时，应使冷却液的液位保持在两刻线之间，如图5-8所示。

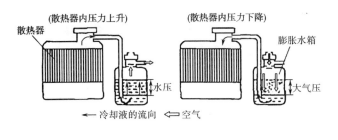
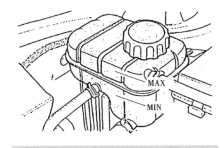

图5-7 膨胀水箱　　　　　　　　　图5-8 冷却液的液面高度刻线

引导问题8 冷却液的排放和添加位置在哪？

在拆卸发动机零部件时，有时经常要排放和添加冷却液，在排放和添加冷却液时一定要找到正确的位置，否则会给工作带来诸多不便。冷却液的排放位置如图5-9所示，冷却液的添加位置如图5-10所示。

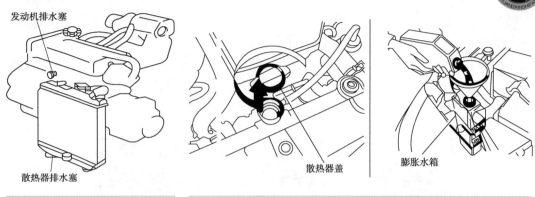

图 5-9 冷却液的排放位置　　　　　　图 5-10 冷却液的添加位置

引导问题9 如何正确使用冷却液？

正确使用冷却液，可起到防腐蚀、防穴蚀渗漏、防散热器开锅、防水垢和防冻结等作用，能够使冷却系统始终处于最佳的工作状态，保证发动机的正常工作温度。如果使用中不注意，将严重影响发动机的正常工作性能和寿命，因此，在使用中应注意以下方面：

（1）要坚持常年使用冷却液。冷却液不但具有防冻功能，而且还具有防腐、防沸和防垢等作用，因此要坚持连续使用冷却液。

（2）正确选用冷却液。选用冷却液时，其冰点要低于环境最低温度 10℃ 左右，要根据厂家的要求选择规定的冷却液。

（3）定期更换冷却液。冷却液在高温状态下长期使用后，必然会导致变质，从而使其性能下降。为此，应按规定的周期定期更换冷却液。

（4）防止冷却液中毒。冷却液多为工业乙二醇水基型，对人体有一定的毒副作用。禁止采用嘴吸操作法，一旦沾到手上或身上等处时，应及时用水清洗干净。另外，这种冷却液中的防腐添加剂具有致癌性，废液不要乱倒，以免污染环境。

（5）正确加注冷却液。加注冷却液时应适量，加注量不足将导致冷却效果不够；也不能过量，由于工业乙二醇型冷却液膨胀系数较大，因此必须留出5%左右的膨胀空间，以免冷却液溢出。

（6）注意经常检查冷却液的液面高度和冷却系统的密封性。防止冷却液的渗漏，渗漏的结果不但会造成冷却液的损失，严重的会稀释机油，造成润滑系统故障。

二、实 施 作 业

引导问题10 作业需要哪些工具、设备和材料？

（1）组合工具、螺丝刀、钳子、扭力扳手、冷却液回收盆、漏斗。

（2）磁力护裙、转向盘护套、变速杆手柄套、脚垫和座椅套。

(3)举升机、科鲁兹(1.6L)乘用车。
(4)科鲁兹(1.6L)乘用车专用冷却液。
(5)科鲁兹(1.6L)乘用车维修手册。

引导问题 11 通过查询和查找，填写以下信息。

生产年份_____，车牌号码_____，行驶里程_____，发动机型号及排量_____，车辆识别代码(VIN)_____。

引导问题 12 作业前的准备有哪些？

(1)汽车进入工位前，将工位清理干净，准备好相关的器材。
(2)将汽车停驻在举升机中央位置。
(3)拉紧驻车制动器操纵杆，并将变速杆置于空挡或驻车挡(P位)位置。
(4)套上转向盘护套、变速杆手柄套和座椅套，铺设脚垫。
(5)在车内拉动发动机舱盖手柄，在车外打开并支撑发动机舱盖。
(6)粘贴翼子板和前格栅磁力护裙。

引导问题 13 如何正确地进行冷却系统的排放和加注？

1 注意事项

(1)在有压力的冷却系统中，散热器内的冷却液温度比大气压力下冷却液的沸点高很多。当冷却系统未冷却且处在高压时，拆下膨胀水箱盖或散热器盖将导致冷却液瞬间沸腾，并产生爆炸性力。这将导致冷却液喷射到发动机、翼子板和拆下盖子的人员身上，可能导致严重的人身伤害。
(2)仅能使用通用发行的防冻混合液，并确保浓度为50%水对50%防冻液。防冻液不仅防止冷却系统冻结，还防止所有与冷却液接触的部件锈蚀/水垢沉淀物。因此，即使在热带国家，也务必要添加防冻液。
(3)除防冻液外，水质也起着重要的作用。饮用自来水通常能满足该要求，再生海水的质量不适用。
(4)如果使用未经批准的防冻液，则可能会损坏发动机。
(5)如果已更换散热器、汽缸盖或汽缸盖密封件，则不能再使用旧的冷却液。

2 冷却系统的排放

(1)打开冷却系统。拧开冷却液膨胀水箱盖。
(2)如图5-11所示，打开散热器上的排放螺钉以排放冷却系统。

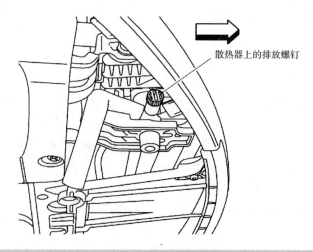

图 5-11 冷却系统的排放

3 冷却系统的加注

(1) 带空调的车辆,关闭空调。
(2) 排放冷却系统后,闭合散热器上的排放螺钉。

当冷却液流出到松开的通风螺钉上时,闭合通风螺钉。

(3) 如图 5-12 所示,拆下散热器上的通风螺钉,并再次旋进螺纹。
(4) 加满冷却液直到膨胀水箱上排气喷嘴的底线。当冷却液停止下降时,加注冷却液直到管口下方的底线,如图 5-13 所示黑色箭头。

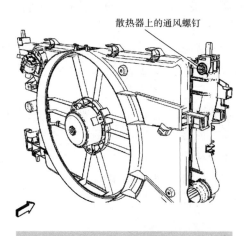

图 5-12 冷却系统的加注(1)

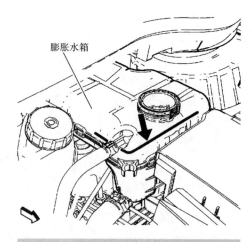

图 5-13 冷却系统的加注(2)

(5) 起动发动机。

> 在发动机起动后,立即加满冷却液至管口下方的底线(图5-13所示黑色箭头)并拧紧盖。拆下加热器芯(位于乘客室)后,必须完成以下附加工作:立即踩下加速踏板3次,从而使发动机的转速不超过2500r/min。

(6)预热发动机。在发动机转速高达2500r/min下,预热发动机,直到散热器风扇设置开关接通。

> 拆下加热器芯(位于乘客室)后,让发动机以2000~2500r/min的转速多运转2min,这将确保冷却系统完全通风。

(7)通风冷却系统。踩下加速踏板3次,从而使发动机的转速不超过2500r/min。

(8)关闭发动机,并使发动机冷却。

(9)必要时,检查冷却液液位并校正冷却液至焊接区域,如图5-14所示。

(10)测试行驶后,使发动机冷却并再次检查冷却液液位。如果需要,调整冷却液液位至焊接区域。

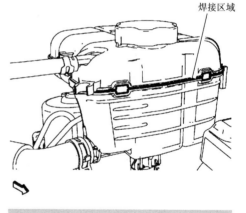

图5-14 冷却系统的加注(3)

引导问题14 如何冲洗冷却系统?

1 注意事项

(1)不要使用化学冲洗剂。

(2)以适当的方法储存使用过的冷却液,如将其储存在使用过的发动机冷却液回收盆中。

(3)切勿将使用过的冷却液倒入排水管道。乙二醇防冻剂是一种剧毒的化学物质。

(4)切勿将冷却液排入下水道系统或地下水中。这是非法的,会破坏生态环境。

(5)可使用不同方式和设备冲洗冷却系统。如使用专用设备:逆流冲洗机,请遵循制造商说明。

> 在逆流冲洗冷却系统前,必须拆下节温器。

2 操作方法

（1）拉紧驻车制动器操纵杆。
（2）排出冷却液。
（3）用干净的饮用水加注冷却系统。
（4）起动发动机并在2000r/min的转速状态下运行，直到节温器打开。
（5）关闭发动机。
（6）排空冷却液系统。
（7）重复以上步骤，直到冷却系统排出的水无色。
（8）排空冷却液系统。
（9）添加3.8L浓缩的防冻液，因为系统中有水。
（10）添加50/50防冻液和清洁饮用水的混合液，直到液位稳定在膨胀水箱的焊缝处。

引导问题15　如何更换散热器？

1 散热器的拆卸

（1）断开蓄电池负极电缆。
（2）拆下前保险杠蒙皮。
（3）排空冷却系统。
（4）拆下前进气管导流器。
（5）如图5-15所示，拆下前进气管螺栓。

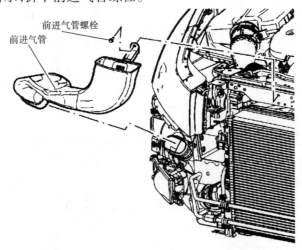

图5-15　散热器的拆卸(1)

（6）拆下前进气管。
（7）拆下散热器格栅固定框。
（8）如图5-16所示，断开空调压力传感器线束，并松开卡夹。

(9)如图 5-17 所示,从增压空气冷却器上拆下 2 块护板。

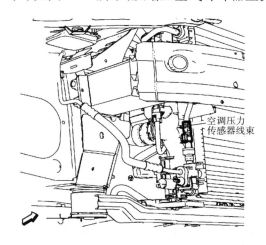

图 5-16 散热器的拆卸(2)

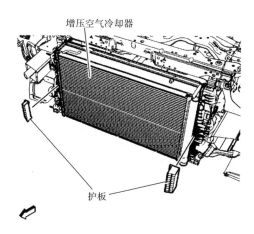

图 5-17 散热器的拆卸(3)

(10)将散热器出口软管和散热器进口软管从散热器上断开。

(11)将变速器油冷却器进口管(如装备)从散热器上拆下。

(12)将变速器油冷却器出口管(如装备)从散热器上拆下。

(13)如图 5-18 所示,拆下 2 个散热器上托架螺栓和 2 个散热器上托架。

(14)如图 5-19 所示,从 2 个下托架上拆下散热器。

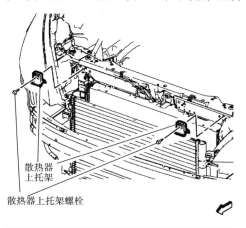

图 5-18 散热器的拆卸(4)

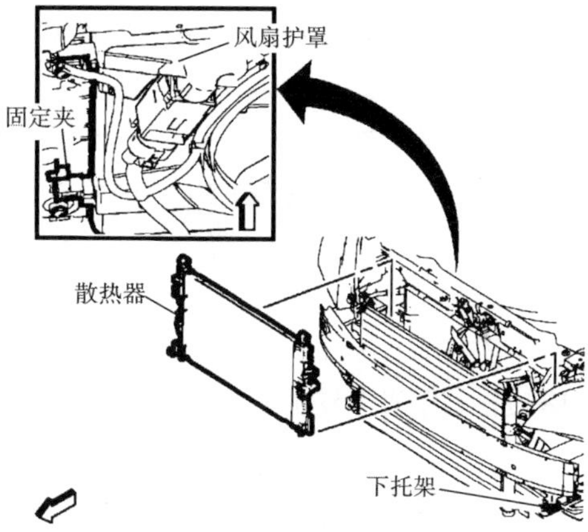

图 5-19 散热器的拆卸(5)

(15)按压固定夹,使风扇护罩从散热器上松开。

(16)小心使用并旋转散热器以获取更大的拆卸空间。

(17)小心使用并提升散热器远离车辆。

2 散热器的安装

(1)小心使用并安装散热器(图 5-19)。

(2)小心使用并旋转散热器以获取更大的安装空间。

(3)将散热器安装至2个下托架上(图5-19)。

(4)确保风扇护罩正确卡入固定夹中(图5-19)。

(5)安装2个散热器上托架(图5-18)。

(6)安装2个散热器上托架螺栓并紧固至22N·m(图5-18)。

所有紧固件应遵守"紧固件告诫"。"紧固件告诫"内容为:请在正确的位置使用正确的紧固件。替换紧固件的零件号必须正确。除非另有说明,否则不得在紧固件或紧固件连接表面上使用油漆、润滑剂或防蚀剂。这些涂层会影响紧固件的力矩和夹紧力并会损坏紧固件。安装紧固件时,务必使用正确的紧固顺序和紧固规格,以避免损坏零件和系统。使用直接装入塑料的紧固件时,务必小心不要剥去配套的塑料零件。只能使用手动工具,切勿使用任何冲击工具或电动工具。紧固件应该手动紧固,完全就位且不能脱落。

(7)将散热器出口软管和散热器进口软管连接至散热器。

(8)将变速器油冷却器进口管(如装备)安装至散热器。

(9)将变速器油冷却器出口管(如装备)安装至散热器。

(10)将2块护板安装至增压空气冷却器上(图5-17)。

(11)连接并卡紧空调压力传感器线束(图5-16)。

(12)安装散热器格栅固定框。

(13)安装前进气管(图5-15)。

(14)安装前进气管螺栓(图5-15)。

(15)安装前进气管导流器。

(16)安装前保险杠蒙皮。

(17)连接蓄电池负极电缆。

(18)加注冷却系统并放气。

(1)对本学习任务进行评价,见表5-3。

评 分 表　　　　　　　　　　　　　表5-3

考核项目	评 分 标 准	分数	学生自评	小组评价	教师评价	小计
团队合作	是否协调	5				
活动参与	是否积极主动	5				
安全生产	有无安全隐患	10				
现场5S	是否做到	10				

续上表

考核项目	评分标准	分数	学生自评	小组评价	教师评价	小计
任务方案	是否正确、合理	15				
操作过程	检查冷却液液面高度；检查冷却液品质；更换冷却液	30				
任务完成情况	是否圆满完成	5				
工具和设备使用	是否规范、标准	10				
劳动纪律	是否能严格遵守	5				
工单填写	是否完整、规范	5				
总分		100				
教师签名：			年 月 日		得分	

(2)在实施作业时每一个安全事项都注意到了吗？如果没有，找出忽略的地方和原因。

(3)能否向车主解释冷却液的检查和更换过程？如果不能，分析原因并提出改进措施。

四、学 习 拓 展

(1)查阅科鲁兹(1.6L)乘用车维修手册，比较科鲁兹(1.6L)乘用车与卡罗拉(1.6L)乘用车在冷却系统的组成及布置形式上有什么不同。

(2)查阅相关资料，说明目前发动机冷却液有哪些品牌，各品牌的冷却液有何区别。

学习任务六

冷却液温度表指示发动机过热的检修

学习目标

完成本学习任务后,你应当能:
1. 叙述发动机冷却系统的功用、组成及循环路径;
2. 明确冷却系统各组成部件的结构及工作原理;
3. 读懂给定的"检修工艺流程",并按该工艺流程进行检修;
4. 正确地使用工具和设备;
5. 正确检查冷却液液面高度并诊断冷却系统的密封状况;
6. 规范地更换发动机冷却液;
7. 规范、安全地检修冷却风扇线路故障;
8. 掌握冷却系统主要零部件的检修及更换方法。

 建议完成本学习任务的时间为 8 课时。

 学习任务描述

一辆卡罗拉(1.6L)乘用车,行驶 80000km,到维修站检查。车主反映最近发动机温度总是过高,冷却液温度表总是指在高温区,要求维修人员对发动机进行检查,找出原因,并进行修复。

学习任务六 冷却液温度表指示发动机过热的检修

学习内容

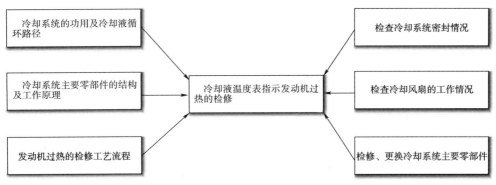

一、资料收集

引导问题1 冷却系统的功用、组成及冷却液的循环路径如何?

发动机冷却系统能保证发动机在最适宜的温度(80～90℃)范围内工作,从而保持发动机的最佳工作性能。冷却系统一般由水泵、散热器、节温器和冷却风扇等组成,冷却系统的构成及循环路径如图6-1所示。其中节温器可根据发动机冷却液的温度将冷却液循环路径分为大循环和小循环。

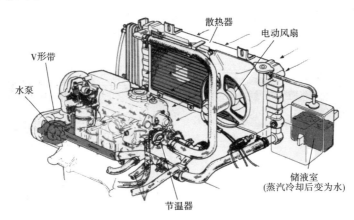

图6-1 冷却系统的组成及循环路径

引导问题2 水泵的结构及工作原理如何?

水泵的作用是对冷却液加压,强制冷却液在冷却系统中循环流动。水泵一般通过曲轴传动带轮通过传动带驱动,现代汽车通常采用离心式水泵。

离心式水泵的结构各工作原理如图6-2所示,其主要由泵壳、水泵轴、叶轮、支承轴承和水封等组成,当叶轮旋转时,水泵中的冷却液被叶轮带动一起旋转,并在离心力作用下向叶轮边缘甩出,经与叶轮成切线方向的出水管压送到发动机的水套内。与此同时,叶轮中心处造成一定的负压而将冷却液从进水管吸入,如此连续地作用,使冷却液在水路中不断地循环。

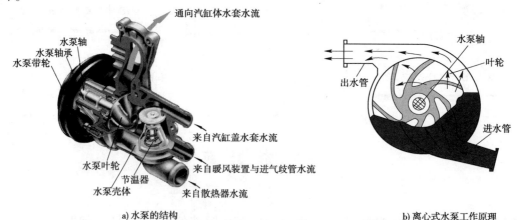

图6-2 水泵的结构及工作原理

引导问题3 节温器的结构及工作过程如何?

节温器安装在冷却液循环的通路中,根据发动机负荷的大小和冷却液温度的高低自动改变冷却液的循环流动路线,以达到调节冷却系统冷却强度的目的。节温器可安装在发动机的进水口处,也可以安装在发动机的出水口处,如图6-3所示。

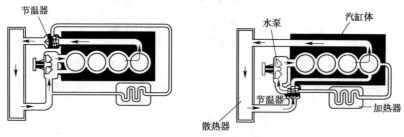

图6-3 节温器不同的安装位置

汽车发动机广泛采用蜡式节温器,其结构和工作原理如图6-4所示。节温器推杆的一端固定于支架的中心处,另一端插入胶管的中心孔中。胶管与节温器外壳之间形成的腔体内装有精制石蜡。常温时,石蜡呈固态,阀门压在阀座上,这时阀门关闭了通往散热器的水路,来自发动机缸盖出水口的冷却液经水泵又流回汽缸体水套中进行小循环。当发动机冷却液温度升高时,石蜡逐渐变成液态,体积随之增大,迫使橡胶管收缩,从而对推杆上端头产生向上的推力。由于推杆上端固定,故推杆对橡胶管、感应体产生向下的反推力,阀门开启。当发动机冷却液温度达到规定温度以上时,阀门全开,来自汽缸盖出水口的冷却液流向散热器,进行大循环。

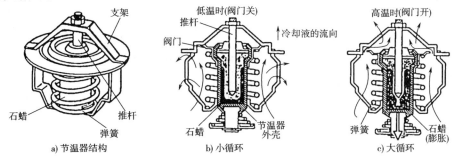

图6-4 节温器的结构和工作原理

引导问题4　冷却风扇的结构及工作过程如何？

冷却风扇的功用是提高流经散热器的空气流速和流量,以增强散热器的散热能力并冷却发动机附件。目前,乘用车上大多采用电动冷却风扇,冷却风扇安装在散热器上,如图6-5所示。为提高冷却风扇的散热效率,在散热器上装有导风罩。当冷却风扇转动时,对空气产生轴向吸力,空气流从前到后通过散热器芯,从而使散热器芯中的冷却液加速冷却。

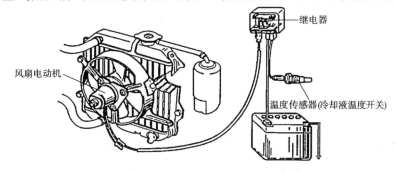

图6-5　电动冷却风扇

风扇的扇风量与风扇的直径、转速、叶片形状、叶片安装角度以及叶片数目有关,常用风扇的结构及类型如图6-6所示。

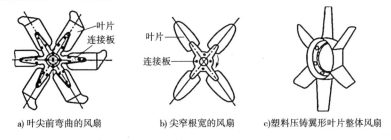

图6-6　风扇形式

电动风扇一般由冷却液温度开关和风扇继电器控制其工作,其控制电路如图6-7所示。当冷却液温度达到规定值时,冷却液温度开关闭合,接通风扇继电器线圈电路,使风扇继电器工作,接通电动风扇电路,风扇电动机开始转动,带动风扇叶片旋转。风扇控制电路会因车型的不同而略有差异。

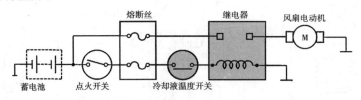

图6-7 电动风扇控制电路

引导问题5　冷却液温度传感器的功用及工作原理如何?

图6-8 冷却液温度传感器的结构

冷却液温度传感器用来检测发动机冷却液的温度,为冷却液温度表和发动机ECU提供冷却液温度信号,以供驾驶人了解发动机的冷却情况,同时作为发动机ECU控制燃油喷射和点火的修正信号。发动机冷却液温度传感器一般安装在发动机冷却液出水口处。冷却液温度传感器的结构如图6-8所示,其壳体内部装有一个具有负温度系数的热敏电阻(冷却液温度升高,热敏电阻阻值减小),当冷却液温度发生变化时,其电阻值也会发生变化时,冷却液温度表和发动机ECU根据其阻值的变化来识别冷却液温度信号。

引导问题6　冷却液温度表的结构及工作原理如何?

冷却液温度表用来显示冷却液温度,通过目视,驾驶人便能及时了解发动机的工作温度。常用的冷却液温度表有热线式和电子式两种。

热线式冷却液温度表的结构和工作原理如图6-9所示。冷却液温度表的指针与热偶片连接在一起,当冷却液温度低时,传感器的电阻值大,通过热偶片电热线的电流小,产生热量少,热偶片弯曲量少,指针指在C(低温)附近。当冷却液温度高时,传感器的电阻值减少,通过热偶片电热线的电流大,产生热量多,热偶片弯曲量大,指针指在H(高温)附近。

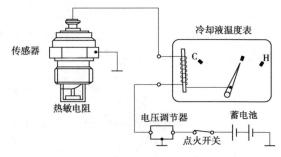

图6-9 热线式冷却液温度表的结构和工作原理

电子式冷却液温度表是由可变电阻器(冷却液温度传感器)、处理器(计算机)及显示器组成,如图6-10所示。

学习任务六　冷却液温度表指示发动机过热的检修

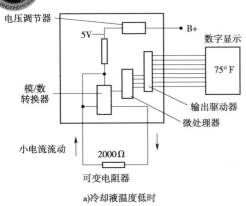
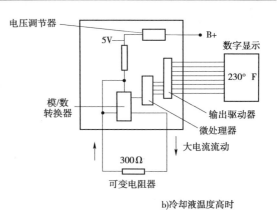

a) 冷却液温度低时　　　　　　　　　　b) 冷却液温度高时

图 6-10　电子式冷却液温度表的组成

当冷却液温度低时，冷却液温度传感器阻值大，流过的电流小，传感器两端的电压高，模/数转换器将高电压信号转为数字信号，传送给微处理器，微处理器再传送出信号给输出驱动器，使显示器显示出低的冷却液温度，例如：75°F(23.9℃)的冷却液温度。当冷却液温度逐渐升高时，冷却液温度传感器电阻逐渐降低，流过的电流逐渐变大，因此传感器两端电压逐渐变低，故冷却液温度表的显示会逐渐升高，例如 230°F(110℃)。

引导问题 7　冷却液温度表指示发动机过热的原因有哪些？

冷却液温度表指示发动机过热的原因很多，主要是发动机冷却系统工作不良造成，例如冷却液泄漏、冷却风扇不工作、节温器损坏、冷却管路堵塞、散热器盖损坏等。此外，发动机自身工作性能不好，也会造成发动机过热，比如发动机燃烧不好、点火正时不准、长时间大负荷工作等。因此，当发动机过热时，要仔细分析，找出导致发动机过热的原因，及时维修。

引导问题 8　冷却液温度表指示发动机过热的检修流程如何？

当出现冷却液温度表指示发动机过热时，应按照图 6-11 所示的检修工艺流程排除故障。

二、实施作业

引导问题 9　作业需要哪些工具、设备和材料？

（1）组合工具、螺丝刀、钳子、扭力扳手、冷却液回收盆、漏斗。
（2）EN-471 适配器、EN-6327-A 冷却系统测试适配器、冷却液系统测试仪、EN6349 锁销。
（3）磁力护裙、转向盘护套、变速杆手柄套、脚垫和座椅套。
（4）举升机、科鲁兹(1.6L)乘用车。

(5)科鲁兹(1.6L)乘用车专用冷却液。

(6)科鲁兹(1.6L)乘用车维修手册。

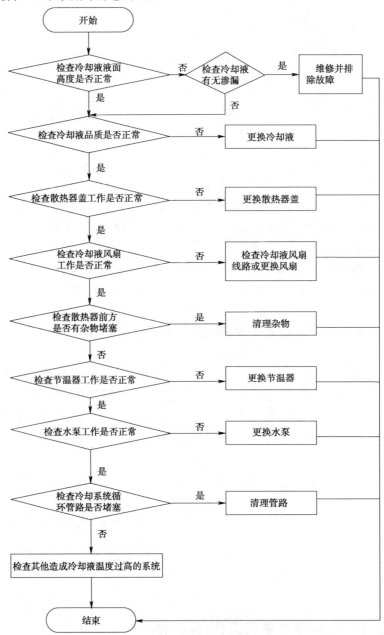

图6-11 发动机过热的检修工艺流程

引导问题10 通过查询和查找,填写以下信息。

生产年份_____,车牌号码_____,行驶里程_____,发动机型号及排量_____,车辆识别代码(VIN)_____。

引导问题 11　如何进行冷却系统泄漏测试?

1 注意事项

（1）在压力下，散热器内的冷却液温度会很高，但不沸腾。当发动机温度很高（压力高）时，拆卸散热器盖将导致冷却液瞬间沸腾，并产生爆炸性力。冷却液将喷射到发动机、翼子板和拆卸盖子的人员身上，可能导致严重的人身伤害。

（2）任何时候都不推荐使用可燃的防冻剂（如酒精等），可燃防冻剂会导致严重的火灾。

（3）为避免烫伤，在发动机和散热器未冷却前，不得拆下散热器盖。如果散热器盖拆下得太早，可能会喷出滚烫的高压冷却液和蒸汽。

2 测试步骤

（1）分离冷却液膨胀水箱封闭盖。
（2）检查冷却液液位。必要时，加满冷却液至"COLD（冷态）"标记处。
（3）朝蓄电池方向，将冷却液膨胀水箱从托架拉出。

遵循制造商的说明。

（4）如图 6-12 所示，将带 EN-471 适配器和 EN-6327-A 适配器的冷却液系统测试仪连接至冷却液膨胀水箱。

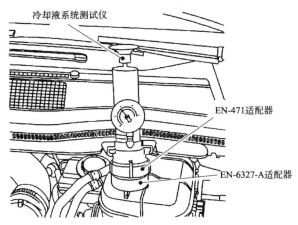

图 6-12　冷却系统泄漏的测试

（5）向冷却系统施加约 100kPa 的压力。
（6）检查冷却系统是否泄漏。

(7) 拆下冷却系统测试仪。
① 卸去压力。
② 拆下带有 EN-471 适配器的冷却系统测试仪。
(8) 连接冷却液膨胀水箱封闭盖。
(9) 将冷却液膨胀水箱滑到托架上。

引导问题 12 ▶ 如何进行散热器盖的测试？

> 为避免烫伤，在发动机和散热器未冷却前，不得拆下散热器盖。如果散热器盖拆下得太早，可能会喷出滚烫的高压冷却液和蒸汽。

(1) 拆下散热器盖。
(2) 用水冲洗散热器盖接合面。
(3) 将带 EN-471 适配器和 EN-6327-A 适配器的冷却液系统测试仪连接至冷却液膨胀水箱（图 6-13）。对冷却液膨胀水箱加压，以便对散热器盖进行测试。
(4) 测试散热器盖是否存在以下情况：
① 当冷却系统压力测试仪超过散热器盖的额定压力时，压力应释放。
② 冷却系统保持额定压力至少 10s。
③ 记录压力损失率。
(5) 在以下情况下，更换散热器盖：
① 超过散热器盖的额定压力时，散热器盖没有释放压力。
② 散热器盖不能保持额定压力。

引导问题 13 ▶ 如何进行节温器的更换？

1 节温器的拆卸

(1) 举升和顶起车辆。
(2) 将冷却液回收盆置于车辆下方。
(3) 排空冷却系统。
(4) 如图 6-13 所示，松开散热器进口软管卡箍。
(5) 将散热器进口软管从发动机冷却液节温器上拆下。
(6) 如图 6-14 所示，拆下 4 个发动机冷却液节温器螺栓。
(7) 拆下发动机冷却液节温器总成。
(8) 拆下发动机冷却液密封件。

学习任务六 冷却液温度表指示发动机过热的检修

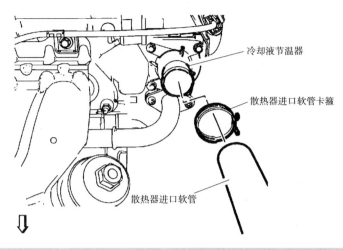

图 6-13 节温器的拆卸（1）

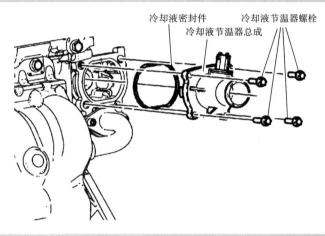

图 6-14 节温器的拆卸（2）

2 节温器的诊断

（1）对冷却系统进行压力测试，并检查散热器盖是否泄漏。

（2）在继续进行前，修理任何泄漏。发动机使用 90℃ 节温器。环境温度应在给出的规定范围内。

（3）将采暖通风与空调（HVAC）控制装置设置在"OFF（关闭）"位置。

（4）在检查发动机温度前，使冷态发动机在 20~22℃ 下怠速运转 15~20min。

（5）用故障诊断仪检查怠速时的发动机冷却液温度。

（6）发动机冷却液温度（ECT）应为 90~105℃。如果温度不在范围之内，视情况修理冷却系统部件或更换节温器。

3 节温器的安装

（1）清洁发动机冷却液密封面。

（2）安装发动机冷却液密封件（图 6-14）。

(3)安装发动机冷却液节温器总成(图6-14)。

(4)安装4个发动机冷却液节温器螺栓(图6-14),并紧固至8N·m。

所有紧固件应遵守"紧固件告诫"。"紧固件告诫"内容为:请在正确的位置使用正确的紧固件。替换紧固件的零件号必须正确。除非另有说明,否则不得在紧固件或紧固件连接表面上使用油漆、润滑剂或防蚀剂。这些涂层会影响紧固件的力矩和夹紧力并会损坏紧固件。安装紧固件时,务必使用正确的紧固顺序和紧固规格,以避免损坏零件和系统。使用直接装入塑料的紧固件时,务必小心不要剥去配套的塑料零件。只能使用手动工具,切勿使用任何冲击工具或电动工具。紧固件应该手动紧固,完全就位且不能脱落。

(5)用散热器进口软管卡箍将散热器进口软管安装至发动机冷却液节温器(图6-13)。

(6)降下车辆。

(7)加注冷却系统。

引导问题14 如何进行水泵的更换？

1 水泵的拆卸

(1)排空冷却系统。

(2)拆下水泵传动带轮。

①拆下空气滤清器壳体。

②如图6-15所示,松开3个水泵传动带轮螺栓。

反向支撑曲轴扭转减振器螺栓。

③拆下传动带。

a.如图6-16所示,逆时针转动偏心轮以释放传动带张紧器上的张力,并用EN6349销锁止。

b.如图6-17所示,拆下传动带。

④拆下3个水泵传动带轮螺栓(图6-15)。

⑤将水泵传动带轮从水泵上拆下(图6-15)。

(3)如图6-18所示,拆下5个水泵螺栓。

(4)拆下水泵。

(5)拆下并报废水泵密封圈。

学习任务六　冷却液温度表指示发动机过热的检修

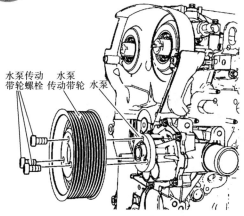

图6-15　水泵的拆卸(1)

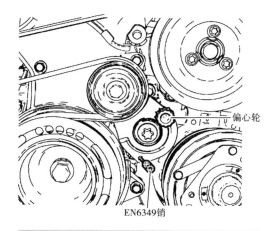

图6-16　水泵的拆卸(2)

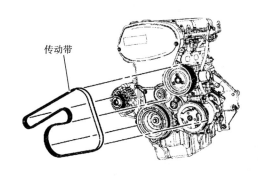

图6-17　水泵的拆卸(3)

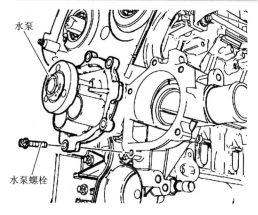

图6-18　水泵的拆卸(4)

2 水泵的安装

(1)清洁5个水泵螺纹。
(2)清洁水泵密封面。
(3)插入新的水泵密封圈。
(4)安装水泵(图6-18)。
(5)安装5个水泵螺栓(图6-18),并紧固至8N·m。

> 注意
> 所有紧固件应遵守"紧固件告诫"。

(6)安装水泵传动带轮。
①将水泵传动带轮安装至水泵(图6-15)。
②安装3个水泵传动带轮螺栓(图6-15)。

③安装传动带。

a. 安装传动带(图6-17)。

注意

如图6-19所示,确保传动带被定位在发电机传动带轮、曲轴扭转减振器、传动带张紧器和水泵传动带轮上。传动带必须位于凸缘1和凸缘2之间的水泵传动带轮上。

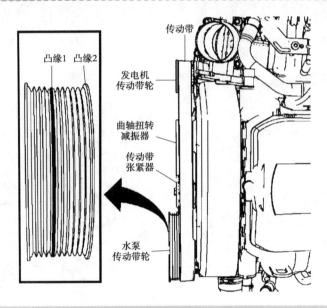

图6-19 水泵的安装

b. 检查传动带的位置。

c. 通过逆时针转动偏心轮来释放张紧器上的张力(图6-16)。

注意

让张紧器缓慢滑回原位。

d. 拆下EN6349销(图6-16)。

e. 顺时针转动偏心轮(图6-16)以向张紧器施加张力。

④将3个水泵传动带轮螺栓(图6-15)紧固至20N·m。

注意

反向支撑曲轴扭转减振器螺栓。

⑤安装空气滤清器壳体。

(7)重新加注冷却系统。

三、评价与反馈

(1)对本学习任务进行评价,见表6-1。

评 分 表　　　　　　　表6-1

考核项目	评分标准	分数	学生自评	小组评价	教师评价	小计
团队合作	是否协调	5				
活动参与	是否积极主动	5				
安全生产	有无安全隐患	10				
现场5S	是否做到	10				
任务方案	是否正确、合理	15				
操作过程	检查冷却系统是否泄漏;检查冷却风扇电动机及线路;检查、更换节温器和水泵;检查冷却液温度传感器和冷却液温度表	30				
任务完成情况	是否圆满完成	5				
工具和设备使用	是否规范、标准	10				
劳动纪律	是否能严格遵守	5				
工单填写	是否完整、规范	5				
总分		100				
教师签名:			年　月　日		得分	

(2)在实施作业时,每一个安全事项都注意到了吗？如果没有,找出忽略的地方和原因。

(3)能否向车主解释冷却系统故障造成发动机过热的原因？如果不能,分析原因并提出改进措施。

四、学习拓展

(1) 查阅相关资料,说明造成发动机过热的非冷却系统的其他原因,并进行解释。

(2) 查阅相关资料,说明节温器在冷却系统中两种安装位置各自的特点有哪些,你认为哪种更合理。

学习任务七

机油及机油滤清器的检查和更换

完成本学习任务后,你应当能:
1. 叙述发动机润滑系统的功用、组成和工作原理;
2. 明确机油的分类、选用、环保及安全措施;
3. 正确地使用工具和设备;
4. 规范地检查机油液面高度和添加机油;
5. 规范、安全地更换机油及机油滤清器。

  建议完成本学习任务的时间为 **4** 课时。

  学习任务描述

　　一辆桑塔纳 2000GSi 乘用车,行驶 20000km,到维修站进行维护。需要维修人员按照"维护标准和要求"对机油及机油滤清器进行检查和更换。

学习内容

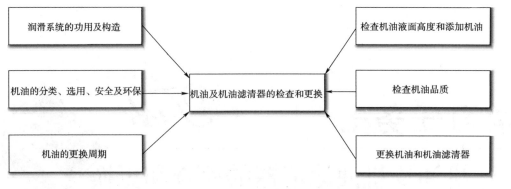

一、资料收集

引导问题1 润滑系统的功用及润滑方式有哪些?

1 润滑系统的功用

当发动机工作时,各运动部件都必须用发动机润滑油(又称机油)来润滑。润滑系统的功用就是将机油输送到发动机各个需要润滑的部位,以达到提高发动机工作可靠性和耐久性的目的。润滑系统除了最基本的润滑作用外,还具有冷却、清洁、缓冲、密封和防锈等功能。

2 润滑方式

由于发动机各运动部件的工作条件不同,对润滑的强度的要求也不同,因此对不同的运动部件应采用不同的润滑方式。润滑系统的润滑方式可分压力润滑、飞溅润滑和润滑脂润滑3种方式。

(1)压力润滑。压力润滑是利用机油泵建立起一定的压力后,通过油道将机油供入运动部件摩擦表面的间隙中,形成油膜以保证润滑的润滑方式。此种润滑方式润滑可靠,但结构较为复杂。主要用于曲轴主轴承、连杆轴承及凸轮轴轴承等负荷较大的摩擦表面的润滑。

(2)飞溅润滑。飞溅润滑是利用发动机工作时运转零件撞击机油溅起来的油滴或油雾润滑运动部件摩擦表面的润滑方式。该润滑方式结构简单,但可靠性较差。主要用于负荷较轻的汽缸壁面和配气机构的凸轮、挺柱、气门杆和摇臂等零件的工作表面。

(3)润滑脂润滑。润滑脂润滑是通过定期加注润滑脂来润滑零件工作表面的方式。此种润滑方式主要用于发动机上一些辅助装置和比较分散的部位(如水泵及发电机轴承等)。

引导问题2　润滑系统的基本组成及各组成零部件的作用是什么？

润滑系统的组成如图7-1所示，主要由机油泵、机油滤清器、集滤器、油底壳、油道等组成，另外包括机油压力开关、机油警告灯（在仪表板上）、机油冷却器（有些车型没有）等。

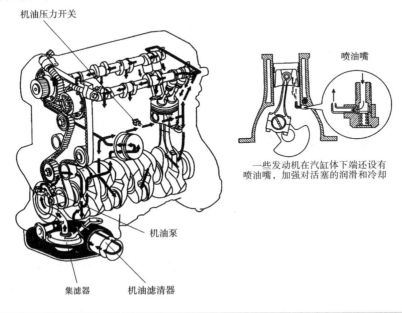

图7-1　润滑系统的组成

（1）油底壳。油底壳的主要功用是储存机油。

（2）机油泵。机油泵的主要功用是建立压力润滑和机油循环所必需的油压。

（3）油道。油道的主要功用是将机油泵输出的压力机油输送到各运动零部件的摩擦表面；油道在汽缸体与汽缸盖上直接铸出或加工在一些零件内部，可分为主油道和分油道，主油道一般是指铸造在汽缸体侧壁内、沿发动机纵向布置的油道，其他油道均为分油道。

（4）集滤器和滤清器。集滤器和滤清器的主要功用是滤除机油中的杂质和胶质。

（5）机油冷却器。用于冷却机油（正常机油工作温度为70～90℃），防止因机油温度过高导致机油黏度降低而失去润滑作用。

（6）机油压力开关和机油警告灯。机油压力开关和机油警告灯是监控润滑系统工作是否正常的安全监控装置。

引导问题3　机油的润滑路径如何？

图7-2和图7-3所示分别为润滑系统示意图和框图。机油泵由发动机驱动，将油底壳内的机油经集滤器、机油冷却器、机油滤清器、经过汽缸体、汽缸盖上的油道，输送到曲轴轴颈、连杆轴颈、凸轮轴轴颈等处，使油浮在轴承（轴瓦）上旋转，润滑后的机油流回到油底壳中。旋转的曲轴曲柄飞溅起来的机油，在汽缸壁等金属表面形成油膜，使摩擦减小。

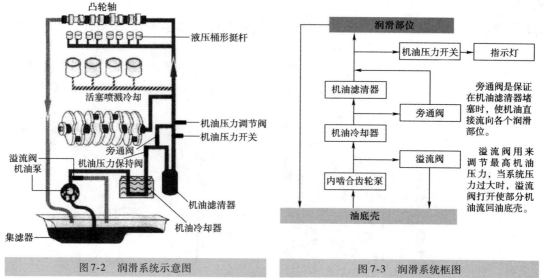

图 7-2 润滑系统示意图　　　　图 7-3 润滑系统框图

引导问题 4　发动机机油是如何分类的？

国际上广泛采用 SAE（美国工程师学会）黏度等级分类法和 API（美国石油学会）使用性能分类法对机油进行分类。

SAE 按照不同的黏度等级，将机油分为冬季用机油和非冬季用机油两类。冬季用机油有 6 种牌号：SAE0W、SAE5W、SAE10W、SAE15W、SAE20W 和 SAE25W，符号 W 代表冬季，W 前的数字越小，其低温黏度越小，低温流动性越好，适用的最低气温越低；非冬季用机油有 4 种牌号：SAE20、SAE30、SAE40 和 SAE50，数字越大，其黏度越大，适用的最高气温越高。

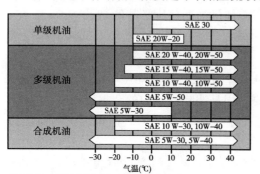

- 号数越大，机油的黏度越高，适用于较高的气温。
- 合成机油可以减小发动机运动部件的摩擦，因此能够节省燃油。

图 7-4　机油的选择

如果使用上述牌号的单级机油，需要根据季节和气温的变化经常更换机油。目前普遍使用多级机油，例如桑塔纳 2000GSi 乘用车 AJR 发动机常用 SAE5W-30 机油，在低温下使用时黏度与 SAE5W 一样，在高温下使用时黏度又与 SAE30 相同，因此可以冬夏通用。可根据车辆所在地气温选择适当黏度的机油，如图 7-4 所示。

API 根据机油的性能及其适合使用的场合，将机油分为 S 系列和 C 系列两类。S 系列为汽油机机油，目前共有 SA、SB、SC、SD、SE、SF、SG、SH、SJ、SL、SM、SN 12 种等级，以 SN 等级为最新。S 所代表的是汽油发动机，后面的英文字母为其等级区别。从"SA"一直到"SJ"，每递增一个字母，机油的性能都会优于前一种，机油中会有更多用来保护发动机的添加剂。字母越靠后，质量等级越高，SA 到 SH 机油已过期作废，不再拥有 API 许可。例如：桑塔纳 2000GSi 乘用车 AJR 发动机使用 SG 级或 SG 以上级机油；卡罗拉乘用车采用 SL 或 SM 级机油。

C 系列为柴油机机油,目前 CA 到 CE 机油已经过期作废,不再拥有 API 许可。余下有 CF、CF-2、CF-4、CG-4、CH-4、CI-4、CJ-4。C 所指的是柴油发动机,后面的字母顺序越后面所代表的等级越高。

引导问题 5　对机油的环境保护和安全措施有哪些?

1 环境保护

(1)机油会对水形成污染,不允许排入地表水域和下水道,只能在防渗的地面上进行作业。
(2)机油是易燃品,存放和作业必须远离火源。
(3)废弃的机油要单独盛装,并妥善保管和回收。
(4)沾上机油的抹布或物品,不得作为生活垃圾处理。

2 安全措施

(1)机油对人皮肤有损害,作业时应戴上防护手套和防护服。
(2)沾上机油的衣服或鞋,必须立即更换。
(3)皮肤上洒上机油,立即用水和肥皂清洗,勿用汽油或溶剂作为清洁品。
(4)眼睛接触到机油,用水认真冲洗,然后尽快去医院治疗。

引导问题 6　机油的更换周期如何确定?

机油在使用过程中,由于高温氧化及燃烧物混入等原因影响,将劣化变质,润滑性能下降。因此,机油应适时更换,机油滤清器也同时更换。

机油的更换周期因车型和行驶环境而不同(表 7-1)。如果汽车经常频繁起步、短距离行驶或在多尘地区使用,机油的更换周期应相应缩短。

常见机油的更换周期　　　　　　　　　　表 7-1

发动机型号	机油更换周期	
	行驶里程(km)	月数
卡罗拉 1RZ	5000	6
科鲁兹(1.6L)LDE	5000	6
桑塔纳 2000GSiAJR	7500	12

注:行驶里程和月数,以先达到者为准。

引导问题 7　机油滤清器的结构及工作原理是怎样的?

机油滤清器要滤除掉机油中的金属粉末、机油氧化物和燃烧物。为了防止滤清器堵塞失效,必须定期进行更换,一般在更换机油的同时也更换机油滤清器。

机油滤清器的结构如图 7-5 所示,工作原理如图 7-6 所示,由机油泵加压后的机油从进油口流入滤清器,经过纸质滤芯过滤后,由出油口流出,当滤清器没有及时更换或其他原因造成滤芯堵塞时,油压升高使旁通阀开启,机油将不通过滤芯直接进入汽缸体油道。

图7-5 机油滤清器结构图

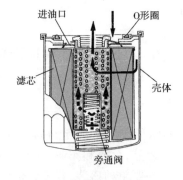

图7-6 机油滤清器工作原理图

引导问题8 ▶ 油底壳的结构是怎样的?

油底壳主要用于储存机油并密封曲轴箱。一般用薄钢板冲压而成,内有挡油板和放油螺塞,如图7-7所示。放油螺塞是磁性的,可以吸附机油中的金属屑。

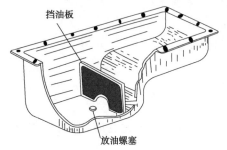

图7-7 油底壳

引导问题9 ▶ 如何使用机油尺?

保持发动机规定量的机油,是润滑系统正常工作的前提。因此,在日常检查和定期维护中,都要通过机油尺检查机油液面高度,机油尺安装位置和结构如图7-8所示。

当需要检查机油液面高度时,要将汽车停放在平坦的地面上,起动发动机预热3~5min(冷却液温度达到60~70℃),停止发动机运转,等待2~3min后,拔出机油尺观察。如果机油处于上限(MAX或F标记)与下限(MIN或L标记)之间,说明不缺少机油。

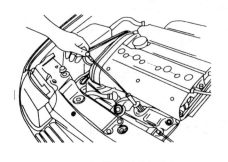

a)机油尺安装位置

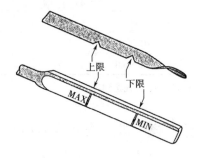

b)机油尺结构

图7-8 机油尺的安装位置及结构

二、实 施 作 业

引导问题 10 作业需要哪些工具、设备和材料?

(1)组合工具、螺丝刀、钳子、扭力扳手、机油滤清器专用扳手、机油回收盆和漏斗等,如图7-9所示。

(2)磁力护裙、转向盘护套、变速杆手柄套、脚垫和座位套。

(3)举升机、桑塔纳2000GSi乘用车。

(4)容量不少于3.0L、牌号为SAE 5W/30、API SG级或SG级以上的机油及滤清器(图7-10),密封剂。

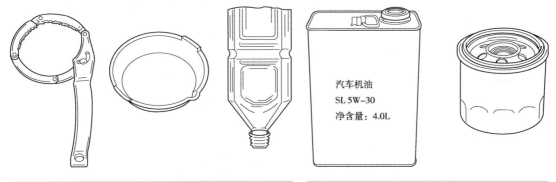

图7-9 机油滤清器专用扳手、机油回收盆、漏斗 　　　图7-10 机油和机油滤清器

(5)桑塔纳2000GSi乘用车维修手册。

引导问题 11 通过查询和查找,填写以下信息。

生产年份_____,车牌号码_____,行驶里程_____,发动机型号及排量_____,车辆识别代码(VIN)_____。

引导问题 12 作业前的准备工作有哪些?

(1)汽车进入工位前,将工位清理干净,准备好相关的器材。
(2)将汽车停驻在举升机中央位置。
(3)拉紧驻车制动器操纵杆,并将变速杆置于空挡或驻车挡(P位)位置,如图1-17所示。
(4)套上转向盘护套、变速杆手柄套和座椅套,铺设脚垫,如图1-18所示。
(5)在车内拉动发动机舱盖手柄,在车外打开并支撑发动机舱盖,如图1-19所示。
(6)粘贴翼子板和前格栅磁力护裙,如图1-20所示。

引导问题 13 怎样规范地检查机油液面高度和添加机油？

(1) 起动发动机(图 7-11)并怠速运转 3~5min(冷却液温度达到 60~70℃)，停止发动机，等待 2~3min。

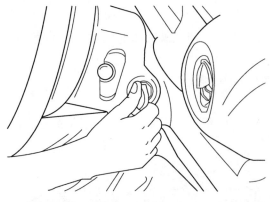

图 7-11 起动发动机

(2) 拔出机油尺，用抹布擦拭后，重新将机油尺完全插入，再次拔出机油尺观察，如图 7-12 所示。如果机油处于上限(MAX 或 F 标记)和下限(MIN 或 L 标记)之间，说明不缺少机油；如果机油在下限左右，应添加机油接近上限。

(3) 用棉纱擦净机油加注口盖周围，旋下加注口盖，利用漏斗加注机油，如图 7-13 所示。

(4) 当加注量接近油桶容量(4L)的 3/4 时，停止加注机油。2~3min 后，拔出机油尺，擦净机油尺后重新将其插入到位，再次拔出机油尺，机油液面高度应位于机油尺上限、下限之间。边检查液面高度，边加注机油，但不允许液面高于机油尺上限。

 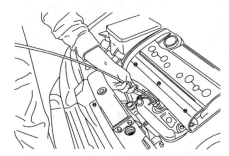

图 7-12 检查机油液面高度

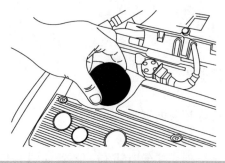 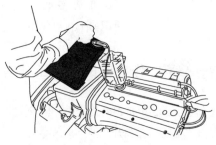

图 7-13 加注机油

(5) 按照第(1)、(2)步骤的程序检查机油液面高度，液面偏上限为正常(图 7-14)，偏下限应添加适量机油，高于上限应放出适量机油。

引导问题 14 ▶ 怎样检查机油品质？

机油品质的检查可通过"闻"、"看"、"试"等简单方法进行检查。

（1）"闻"。拔出机油尺，闻机油的气味。如果机油有严重的刺激性气味，表明机油被高温氧化，说明发动机可能长期处于高温下运转；如果机油有很重的燃油味，表明机油被大量的燃油所稀释，可能是有个别汽缸不工作。

（2）"看"。拔出机油尺，观察机油的颜色。如果机油呈乳白色，表明机油进水了；如果机油呈灰色，表明机油被汽油污染；如果机油呈黑色，表明机油被不完全燃烧物氧化变质。

（3）"试"。将机油滴在纸巾上观察斑点的变化情况（图7-15）。如果油滴迅速扩散，中间无沉积物，表明机油品质正常；如果油滴扩散慢，中心有沉积物，但周围扩散的机油呈透明色，表明机油已变脏，但可以继续使用。如果油滴整体混有沉积物并呈深黑色，说明机油变质，应更换机油和机油滤清器。

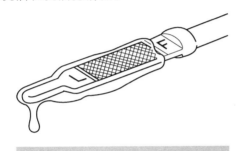
图7-14 液面接近上限

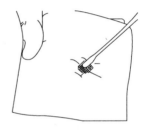
图7-15 检查机油品质

引导问题 15 ▶ 怎样规范地更换机油和机油滤清器？

机油及机油滤清器的更换步骤如下：

（1）起动发动机，并保持怠速运转 3~5min。当冷却液温度表指示达到 60~70℃时，关闭点火开关，停止发动机运转，等待 2~3min。

（2）打开机油加注口盖。

（3）调整举升机提升臂的角度和长度，操纵举升机，将汽车升到适当高度。确认汽车可靠固定在提升臂上后，方可进入车下作业。

汽车举升前，卸下承载物；汽车举升时，车内不得有乘员，并关闭好车门；汽车举升中，严禁车下站人或穿梭，不得晃动车辆。

（4）将机油回收盆放在油底壳放油螺塞的正下方，拧松放油螺塞，然后用手缓缓旋出放油螺塞，让废机油流入回收盆，如图7-16所示。

注意

不要让机油溅出回收盆,并小心不要被烫伤。

图7-16 排放机油

(5)用机油滤清器专用扳手拆下机油滤清器,将残存在机油滤清器里的机油倒入回收盆中,如图7-17所示。

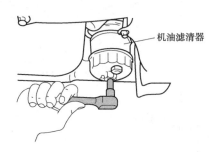
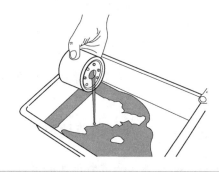

图7-17 拆下机油滤清器

(6)检查并清洁机油滤清器的安装面,在新的机油滤清器O形圈上涂抹一薄层干净的机油,如图7-18所示。先用手拧入机油滤清器,然后用专用扳手将机油滤清器拧至规定的拧紧力矩20N·m。

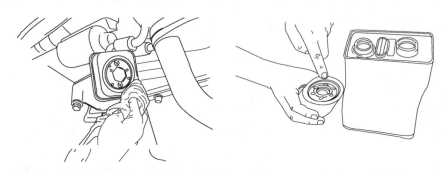

图7-18 安装新的机油滤清器

(7)检查放油螺塞垫片是否损坏(图7-19),如有断裂应进行更换。用棉纱擦净放油螺塞上吸附的金属屑。先用手拧入放油螺塞,然后将放油螺塞拧至规定的拧紧力矩30N·m。

(8)操纵举升机,将汽车平稳降至地面。

(9)按照"引导问题13"中第(3)~(5)步骤的程序加注机油。

(10)拆下磁力护裙,关闭发动机舱盖,清理器材,清洁地面卫生。

图7-19 检查放油螺塞的垫片

三、评价与反馈

(1)对本学习任务进行评价,见表7-2。

评 分 表　　　　　　　　表7-2

考核项目	评分标准	分数	学生自评	小组评价	教师评价	小计
团队合作	是否协调	5				
活动参与	是否积极主动	5				
安全生产	有无安全隐患	10				
现场5S	是否做到	10				
任务方案	是否正确、合理	15				
操作过程	检查机油液面高度; 检查机油品质; 更换机油和机油滤清器	30				
任务完成情况	是否圆满完成	5				
工具和设备使用	是否规范、标准	10				
劳动纪律	是否能严格遵守	5				
工单填写	是否完整、规范	5				
总分		100				
教师签名:			年　月　日		得分	

(2)在实施作业时每一个安全事项都注意到了吗?如果没有,找出忽略的地方和原因。

(3)能否向车主解释检查和添加机油的过程?如果不能,分析原因并提出改进措施。

四、学 习 拓 展

(1) 更换机油前,发动机为什么要预热?

(2) 查阅资料,进一步了解更换机油和机油滤清器时怎样进行双人作业配合。

学习任务八

机油压力警告灯点亮的检修

学习目标

完成本学习任务后,你应当能:
1. 叙述机油的流动路线;
2. 明确机油泵的类型、结构和工作原理;
3. 读懂给定的"机油压力警告灯点亮的检测工艺流程",并能按照该工艺流程进行检修;
4. 正确地使用工具和设备;
5. 规范地检测机油压力、检查机油压力开关;
6. 规范地更换机油集滤器和机油泵。

 建议完成本学习任务的时间为 **8 课时**。

 学习任务描述

一辆桑塔纳 2000GSi 乘用车,车主反映在发动机正常温度和转速时,机油压力警告灯点亮,到维修站检查维修,技术人员检查后分析,可能是润滑系统存在故障,需要对润滑系统进行检测,以确定故障部位并进行修理。

学习内容

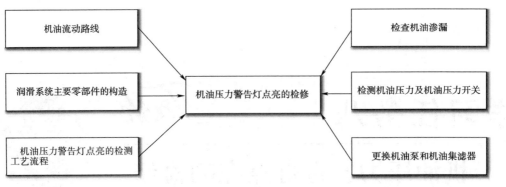

一、资料收集

引导问题 1 润滑系统各部件的安装位置在哪？机油的流动路线是怎样的？

润滑系统的功用就是将机油不断地输送到发动机各零件的摩擦表面，减少零件间的摩擦和磨损。润滑系统主要由油底壳、集滤器、机油泵、油道、机油滤清器和机油压力开关等组成，各部件的安装位置如图 8-1 所示。

图 8-2 为机油的流动路径示意图，机油泵（由发动机驱动）将油底壳内的机油泵出，流经集滤器、机油滤清器、润滑油道输送到各润滑部位，润滑结束后的机油流回到油底壳中。

引导问题 2 机油压力警告灯什么时候点亮？

机油压力警告灯安装在仪表板上，当安装在润滑系统油道上的机油压力开关检测到润滑系统中的机油压力低于规定值时（表 8-1），仪表板上的机油压力警告灯就会点亮，向驾驶人报警，如图 8-3 所示。

常见发动机润滑系统的机油压力　　　　表 8-1

发动机型号	条　件	机油压力（kPa）
丰田 5A 或 8A	急速	49
	转速 3000r/min	294～539
科鲁兹 LDE 或 LLU	急速、冷却液温度 80℃	130
桑塔纳 AJR	转速 2000r/min，机油温度 80℃	200

学习任务八　机油压力警告灯点亮的检修

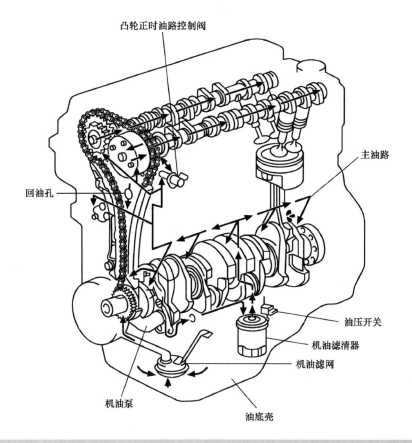

图 8-1　润滑系统的组成

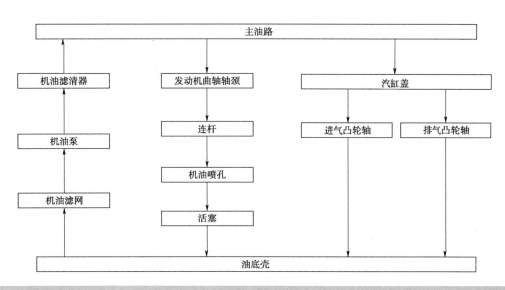

图 8-2　机油流动路径示意图

汽车发动机机械维修

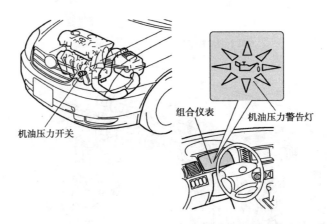

图8-3 机油压力开关和机油压力警告灯

引导问题3 ▶ 机油泵常见的结构有几种？

机油泵一般安装在汽缸体的下部，由发动机曲轴直接驱动，将机油输送到发动机各运动部件接触面。机油泵常见的结构形式有外啮合齿轮式机油泵、内啮合齿轮式机油泵和转子式机油泵三种。

1 外啮合齿轮式机油泵

如图8-4所示，2个互相啮合的齿轮高速旋转，机油通过进油口被吸入进油腔，随后被轮齿压入出油腔，机油经出油口被压入发动机的润滑油道中。与其他类型的机油泵相比，这种机油泵由于驱动阻力最小，因此工作效率也最高。桑塔纳AFE发动机的机油泵采用外啮合齿轮式机油泵。

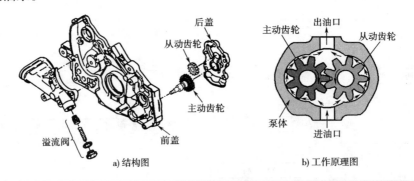

图8-4 外啮合齿轮式机油泵

2 内啮合齿轮式机油泵

如图8-5所示，内啮合齿轮式机油泵的内齿轮套在曲轴前端，为主动齿轮，机油通过月牙形隔板左、右的间隙进行输送。由于这种机油泵内、外齿轮之间有多余空间，因此工作效率较低。凯越L91或L79发动机的机油泵采用内啮合齿轮式。

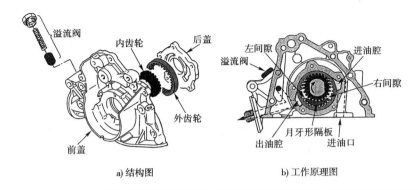

图8-5 内啮合齿轮式机油泵

3 转子式机油泵

如图8-6所示,转子式机油泵的内转子为主动转子,内转子和外转子之间有一定的偏心距。内转子的凸齿比外转子的凹齿少1个,旋转时两转子之间的工作腔容积不断变化,机油经进油口被吸入,油压升高后经出油口被压出。这种机油泵供油压力高、噪声比较小。丰田5A或8A发动机、桑塔纳AJR发动机的机油泵均采用转子式。

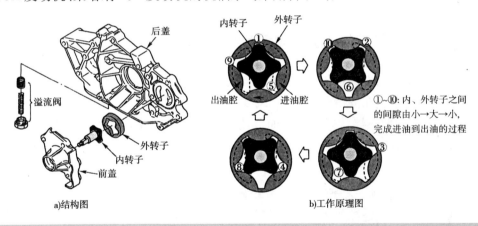

图8-6 转子式机油泵

溢流阀(又称安全阀或限压阀)安装在机油泵壳体上,控制润滑系统的最高油压,当油压达到规定值时,溢流阀自动开启,使多余的机油流回油底壳。

引导问题4 机油集滤器的类型和结构如何?

机油集滤器装在机油泵之前的吸油口端,多采用滤网式,防止粒度大的杂质进入机油泵。汽车发动机使用的集滤器有浮式集滤器和固定式集滤器两种。

(1)浮式集滤器。浮式集滤器(图8-7)工作时漂浮于机油油面上,以保证机油泵总是吸入最上层较清洁的机油,但油面上的泡沫易被吸入,造成机油压力降低,润滑可靠性差。

当机油泵工作时,机油从罩的边缘被吸入,经过滤网滤除较大的杂质后进入机油泵。如果滤网堵塞时,滤网上部产生真空,从而克服滤网弹性将滤网吸起,滤网中心处的环口离开罩,机油便不经过滤网而从环口直接被吸入机油泵,保证润滑不致中断。

(2)固定式集滤器。固定式集滤器(图8-8)装在油面下面,吸入的机油清洁度比浮式集滤器稍差,但可防止泡沫吸入,润滑可靠,结构简单,使用广泛。

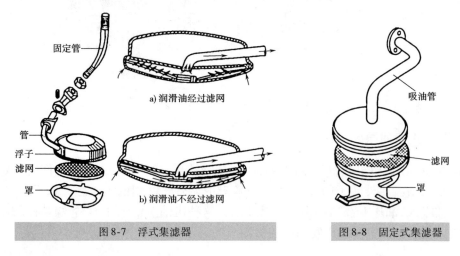

图8-7 浮式集滤器　　　图8-8 固定式集滤器

引导问题5　机油散热器的类型和结构如何?

在高性能大功率的发动机上,由于热负荷大,必须安装机油散热器,以对机油进行强制冷却。机油散热器布置在润滑油路中,有风冷式和水冷式两种形式。

(1)风冷式机油散热器。风冷式机油散热器(图8-9)一般安装在发动机冷却系统散热器前面,利用冷却风扇的风力使机油冷却。

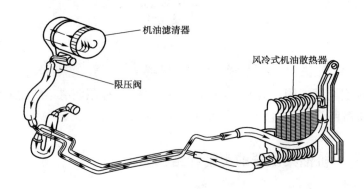

图8-9 风冷式机油散热器

(2)水冷式机油散热器。水冷式机油散热器也被称为机油冷却器(图8-10),装在发动机冷却水路中,当机油温度较高时,靠冷却液降温;而起动暖车期间油温较低时,则从冷却液吸热迅速提高机油温度。

学习任务八 机油压力警告灯点亮的检修

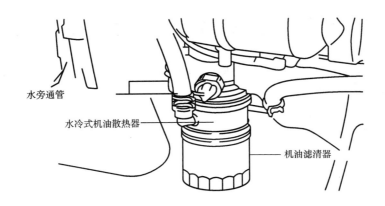

图 8-10 水冷式机油散热器

引导问题6 曲轴箱强制通风系统是怎样工作的?

发动机工作时,高压的可燃混合气或废气会窜入曲轴箱内,使机油中形成泡沫,破坏机油的供给,也可能导致机油变质、泄漏等不良后果。

如图 8-11 所示,曲轴箱强制通风就是利用发动机进气管道的真空度,使窜入曲轴箱内的可燃混合气或废气通过曲轴箱通气软管和 PCV 阀(止回阀)被吸入到进气歧管并进入汽缸燃烧。新鲜空气经滤网和空气软管进入到曲轴箱内,形成不断的对流。在曲轴箱通气软管上装有 PCV 阀是为了防止在发动机低速小负荷时进气管的真空度太大而将机油从曲轴箱内吸出。

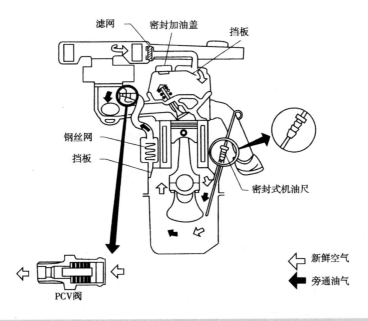

图 8-11 曲轴箱强制通风系统

引导问题7　　机油压力警告灯点亮的检修工艺流程是怎样的？

机油压力警告灯点亮，说明润滑系统的机油压力低于规定值，应按照规定的检修工艺流程（图8-12）进行故障检修。

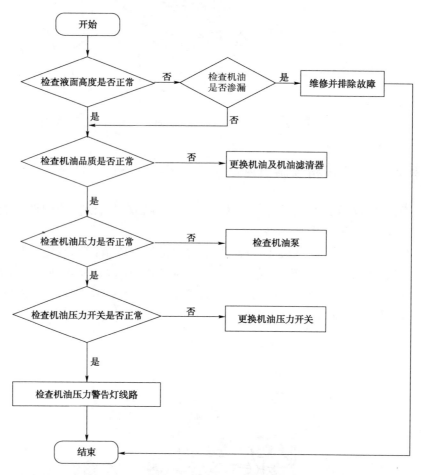

图8-12　机油压力警告灯点亮的检修工艺流程

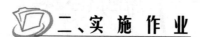

引导问题8　　作业需要哪些工具、设备和材料？

（1）组合工具、机油回收盆、漏斗、机油滤清器扳手和橡胶锤。
（2）磁力护裙、转向盘护套、变速杆手柄套、脚垫和座椅套和干净抹布。
（3）机油开关测试仪V.A.G1342、二极管测试灯V.A.G1527、机油压力表，如图8-13所示。

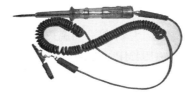

a) 机油压力表　　　　　　　b) 二极管测试灯

图8-13　机油压力表、二极管测试灯

(4) 容量不少于3.0L、牌号为SAE 15W/30、API SG级或SG级以上的机油,密封剂。
(5) 举升机和桑塔纳2000GSi乘用车。
(6) 桑塔纳2000GSi乘用车维修手册。

引导问题9　如何检查机油是否有渗漏？

机油渗漏常用目视法检查：
(1) 检查机油液面高度,必要时进行添加,保证液面在正常位置。
(2) 操纵举升机,将汽车升到适当高度。
(3) 确认汽车可靠固定在提升臂上后,方可进入车下作业。

> 汽车举升前,卸下承载物;汽车举升时,车内不得有乘员,并关闭好车门;汽车举升中,严禁车下站人或穿梭,不得晃动车辆。

(4) 检查气门室罩盖垫,凸轮轴前、后油封,曲轴前、后油封,放油螺塞、油底壳衬垫等处是否的机油泄漏现象,油底壳是否存在变形现象。
(5) 操纵举升机,将汽车平稳降至地面。
(6) 起动发动机并怠速运转几分钟,待冷却液温度达到60~70℃后熄火。在油底壳下面铺上浅色的纸,观察几分钟。如果有渗漏,根据油滴在纸上的位置,就可以找到泄漏的部位,并做相应的处理。

引导问题10　如何检查机油压力？

在不同的状况下(发动机转速、机油温度、机油黏度、机油滤清器污染程度等),机油压力值会有所不同。

机油压力测试步骤如下：
(1) 在机油液面高度正常情况下,从机油压力开关上拆开机油压力开关的插接器。
(2) 拆卸机油压力开关。

(3)将机油压力表接头连接到机油压力开关位置,并且让读数位置朝上放置,如图 8-14 所示。

(4)测量机油压力。在机油温度为 80℃时测量机油压力。规定值为:急速运转时,机油压力不应低于 0.0194MPa;发动机转数为 2000r/mim 时,机油压力应不低于 0.2MPa。

(5)卸下机油压力表,安装机油压力开关,连接机油压力开关的插接器。

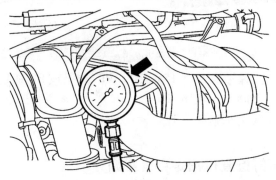

图 8-14 机油压力检查

引导问题 11 如何检查机油压力开关?

1 检测条件

(1)机油液面高度正常。
(2)机油温度约为 80℃。

2 低压开关的检测

(1)如图 8-15 所示,拔下低压开关(0.025MPa,棕色绝缘层)插接器,拧下低压开关并将其拧到机油开关测试仪 V.A.G1342 上。
(2)将测试仪拧到机油滤清器支架低压开关的位置上。
(3)将测试仪的棕色导线搭铁。
(4)将二极管测试灯 V.A.G1527 连接到机油压力开关和蓄电池正极上,发光二极管应发亮。
(5)起动发动机,并缓慢提高发动机转速。
(6)当机油压力为 0.015~0.045MPa 时,测试灯应熄灭,否则更换低压开关。

3 高压开关的检测

(1)拔下高压开关(0.18MPa,白色绝缘层)插接器,拧下高压开关并将其拧到机油开关测试仪 V.A.G1342 上。
(2)按图 8-16 所示,连接机油压力开关测试仪 V.A.G1342 和二极管测试灯 V.A.G1527。
(3)起动发动机,并逐渐提高发动机转速。

(4)当机油压力为 0.16~0.2MPa 时,测试灯应发亮,否则更换机油压力开关。

(5)继续提高发动机转速,发动机转速在 2000r/min 和 80℃ 的机油温度下,机油压力应至少维持在 0.2MPa。

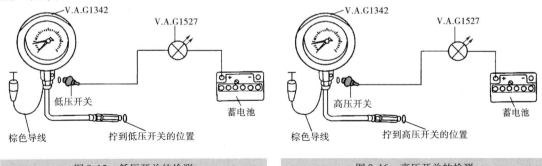

图 8-15 低压开关的检测　　　　图 8-16 高压开关的检测

引导问题 12　如何拆卸油底壳?

1 油底壳的拆卸

(1)放出机油。

(2)拆卸离合器防尘罩板。

(3)如图 8-17 中箭头所示,旋下副梁螺栓和发动机橡胶支承,缓缓放下副梁。

(4)如图 8-18 所示,旋下油底壳上的所有螺栓。拆卸油底壳,必要时用橡胶锤轻轻敲击。

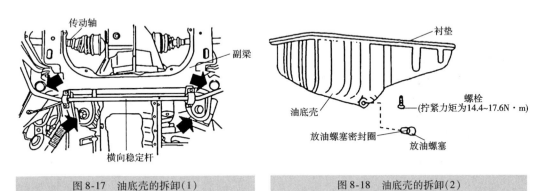

图 8-17 油底壳的拆卸(1)　　　　图 8-18 油底壳的拆卸(2)

2 油底壳的安装

(1)更换油底壳衬垫。

(2)交替对角拧紧油底壳与汽缸体的紧固螺栓。

(3)安装好副梁。

(4)拧紧发动机橡胶支承。

(5)主要部件螺栓拧紧力矩:发动机支承与副梁紧固螺栓拧紧力矩为 (40±5)N·m,发动机支承与支架紧固螺栓拧紧力矩为(40±5)N·m,扭力臂与发动机紧固螺栓拧紧力矩为(23±3)N·m。

引导问题13　如何更换机油泵?

机油泵的分解图如图8-19所示。

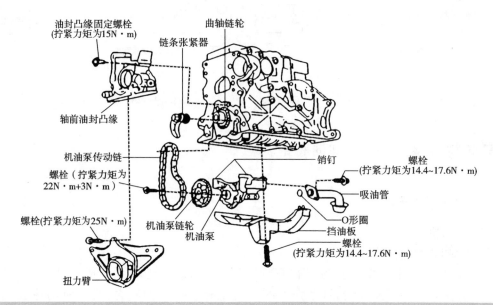

图8-19　机油泵的分解图

1　机油泵的拆卸

(1)拆下油底壳。
(2)如图8-20中箭头所示,旋下螺栓。
(3)将链轮和机油泵一起拆下。

2　机油泵的检查

(1)检查机油泵转子。

①如图8-21所示,用塞尺测量主动转子和从动转子的顶部间隙。标准顶部间隙:0.08~0.160mm;最大顶部间隙:0.35mm。如果顶部间隙大于最大值,则更换机油泵。

②如图8-22所示,用塞尺和精密直尺,测量2个转子和精密直尺间的间隙。标准间隙:0.030~0.080mm;最大间隙:0.16mm。如果间隙大于最大值,则更换机油泵。

③如图8-23所示,用塞尺测量从动转子和机油泵体间的间隙。标准间隙:0.12~0.19mm;最大间隙:0.325mm。如果间隙大于最大值,则更换机油泵。

(2)检查机油泵限压阀。如图8-24所示,在机油泵限压阀上涂抹一层机油,检查并确认该阀能依靠自身重力顺畅地滑入阀孔中。如果情况不是这样,则更换机油泵。

3 机油泵的安装

（1）将销钉插入到机油泵上端,机泵轴与链轮只能有一个安装位置。

（2）如图 8-25 所示,安装机油泵,安装油底壳。

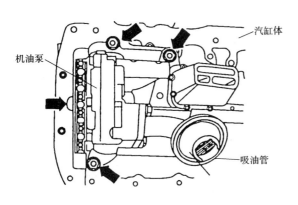

图 8-20　机油泵的拆卸

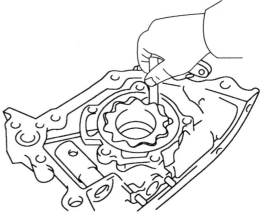

图 8-21　检查主动转子与从动转子的顶部间隙

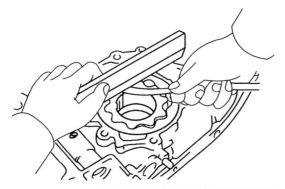

图 8-22　检查机油泵端面间隙

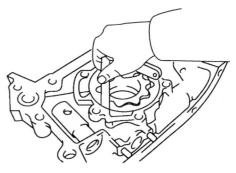

图 8-23　检查机油泵转子与泵体间的间隙

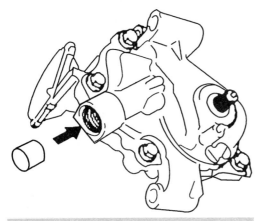

图 8-24　检查机油泵限压阀

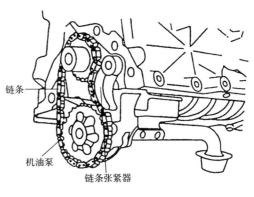

图 8-25　机油泵的安装

(3)拧紧链轮与机油泵的紧固螺栓,拧紧机油泵与汽缸体的紧固螺栓。

三、评价与反馈

(1)对本学习任务进行评价,见表8-2。

评 分 表　　　　　　　　　　　表8-2

考核项目	评 分 标 准	分数	学生自评	小组评价	教师评价	小计
团队合作	是否协调	5				
活动参与	是否积极主动	5				
安全生产	有无安全隐患	10				
现场5S	是否做到	10				
任务方案	是否正确、合理	15				
操作过程	检查机油液面高度及机油品质; 检查润滑系统渗漏情况; 检查润滑系统压力; 检查机油压力开关; 更换机油泵	30				
任务完成情况	是否圆满完成	5				
工具和设备使用	是否规范、标准	10				
劳动纪律	是否能严格遵守	5				
工单填写	是否完整、规范	5				
	总分	100				
教师签名:			年　月　日		得分	

(2)在实施作业时每一个安全事项都注意到了吗?如果没有,找出忽略的地方和原因。

(3)能否向车主解释故障诊断及排除的过程?如果不能,分析原因并提出改进措施。

四、学习拓展

（1）曲轴箱强制通风系统的PCV阀是怎样进行检测的？

（2）查阅资料，说明卡罗拉（1.6L）乘用车与桑塔纳2000GSi乘用车机油泵的更换过程有何不同。

学习任务九

空气滤清器的清洁和更换

学习目标

完成本学习任务后,你应当能:
1. 叙述空气供给系统的组成、工作原理及各部件的作用;
2. 叙述可变进气系统和进气增压系统的组成及工作原理;
3. 明确空气滤清器的更换周期;
4. 正确地使用工具和设备;
5. 正确地检查进气系统是否泄漏;
6. 规范地检查、更换空气滤清器。

 建议完成本学习任务的时间为 **4** 课时。

 学习任务描述

一辆卡罗拉(1.6L)乘用车,行驶 40000km,到维修站检查,车主反映空气滤清器一直没有检查过,要求维修人员按照"维护标准和要求"对空气滤清器进行检查并更换。

学习任务九 空气滤清器的清洁和更换

学习内容

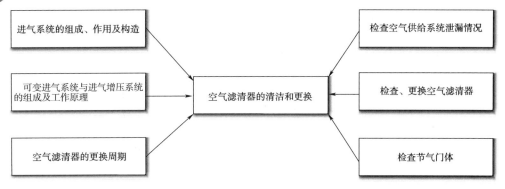

一、资料收集

引导问题 1 进气系统的组成及作用是什么?

进气系统的作用是为发动机可燃混合气的形成提供必要的空气,并计量和控制燃油燃烧时所需要的空气量,空气供给系统的组成如图 9-1 所示。空气经空气滤清器、空气流量计、节气门体进入进气总管,再分配到各汽缸进气歧管,在进气歧管内(或进气门处),空气与喷油器喷出的燃油混合后被吸入汽缸内燃烧。按照测量进气量方式的不同,进气系统可分为直接测量方式(L 型)和间接测量方式(D 型),两种测量方式的工作原理框图如图 9-2 所示。急速控制阀用来控制发动急速的进气量。

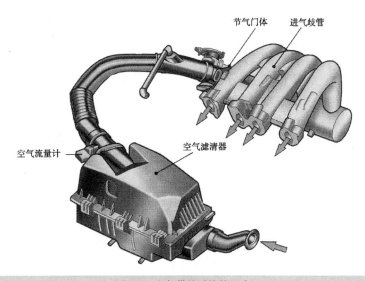

图 9-1 空气供给系统的组成

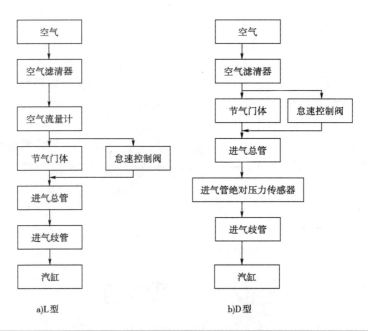

图9-2 L型和D型空气供给系统框图

引导问题2　空气滤清器的功用和结构如何？

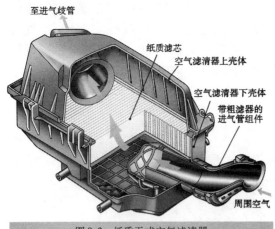

图9-3　纸质干式空气滤清器

空气滤清器是用来滤清空气中所含的尘土，以减少汽缸、活塞和活塞环等零件的磨损，延长发动机的使用寿命。

目前汽车上多用纸质干式空气滤清器，它是通过用树脂处理的纸质滤芯对空气进行过滤，其结构如图9-3所示。纸质干式空气滤清器质量轻、结构简单、安装及维护方便、滤清效果好。纸质滤芯的寿命取决于纸面大小（通常成波折状以提高过滤面积）及空气本身的清洁程度，一般可连续使用10000～50000km。纸质滤芯不能清洗，脏污时可用压缩空气吹去灰尘，严重时必须更换。

引导问题3　空气流量计的结构及工作原理如何？

空气流量计的作用是测量发动机进气量，然后将进气量信号传给发动机控制电脑（ECU），是确定基本喷油量的主要依据之一。空气流量计安装在空气滤清器与节气门体之间，也有的安装在空气滤清器上，还有将空气流量计与节气门体作成一体安装在发动机上。目前常用的是热式空气流计和卡门旋涡式空气流计。

1 热式空气流量计

热式空气流量计按其检测元件的不同,可分为热线式空气流量计和热膜式空气流量计。

(1) 热线式空气流量计。热线式空气流量计的结构如图9-4所示,热线是圆筒内保持100℃的导线,由于进入发动机的空气会冷却热线,测量出热线保持100℃所需的电流,就可以算出空气流量。

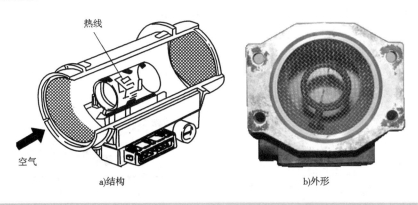

图9-4　热线式空气流量计

这种空气流量计可以直接测量进入空气的质量流量,无须进行进气温度和大气压力的修正,无运动部件,进气阻力小,响应特性较好,可正确测出急减速时的空气进入量。

(2) 热膜式空气流量计。热膜式空气流量计(图9-5)的结构和工作原理与热线式空气流量计基本相同,只是将发热体由热线改为热膜,热膜是由发热金属铂固定在薄的树脂膜上构成。这种结构可使发热体不直接承受空气流动所产生的作用力,增加了发热体的强度,提高了使用寿命,它的金属网用于产生微观紊流,以使测量信号稳定。由于这些优点,使它的应用更为广泛。

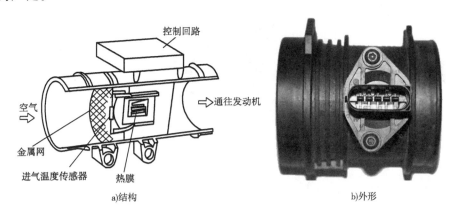

图9-5　热膜式空气流量计

2 卡门旋涡式空气流量计

卡门旋涡式空气流量计在进气道内设置一个锥形旋涡发生器,当空气流经旋涡发生器时，会在其后部产生有规律的空气旋涡，这些旋涡移动的速度与空气流速成正比。通过测量单位时间内旋涡的数量就可以算出空气流速和流量。卡门旋涡空气流量计具有响应速度快、测量精度高、进气阻力小、无磨损等优点，但其成本较高。按检测方式不同，卡门旋涡式空气流量计可分为光学检测方式和超声波检测方式两种类型。

（1）光学检测方式卡门旋涡空气流量计。光学检测方式卡门旋涡空气流量计的外形、结构和工作原理如图9-6所示。在流量计内设置一对发光二极管和光敏晶体管。发光二极管发出的光束被一个反光镜反射到光敏晶体管上，使光敏晶体管导通，反光镜安装在一个很薄的钢板弹簧上，进气涡流的压力经导压孔作用在钢板弹簧上的反光镜表面，使反光镜产生振动，其振动频率与单位时间内产生的旋涡数量相同。由此，反光镜反射的光束方向也以相同的频率变化，致使光敏晶体管也随光束的变化以同样的频率导通和截止。ECU根据光敏晶体管导通和截止的频率即可计算出进气量。

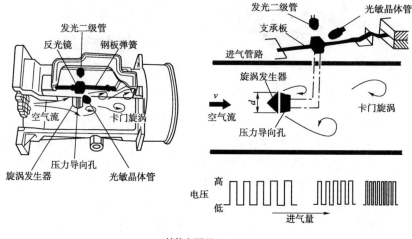

a) 结构和原理

b) 外形

图9-6　光学式卡门旋涡空气流量计

（2）超声波检测方式卡门旋涡式空气流量计。超声波式卡门旋涡空气流量计如图9-7所示。在空气流量计的后半部的两侧设置一对超声波发生器和接收器。发动机工作中，超声波发生器不断地向接收器发出一定频率的超声波。当进气气流到达接收器时，由于受到气流中旋涡的影响，使超声波频率的相位发生变化，接收器测出这一相位的变化，将其整形、放大成矩形波，矩形波的脉冲频率即为卡门旋涡的频率。进气量大时，信号频率高；进气量小时,信号频率低。信号被输送给ECU,ECU根据相位变化的规律计算出单位时间内产生的旋涡数量,从而计算出空气流速和流量。

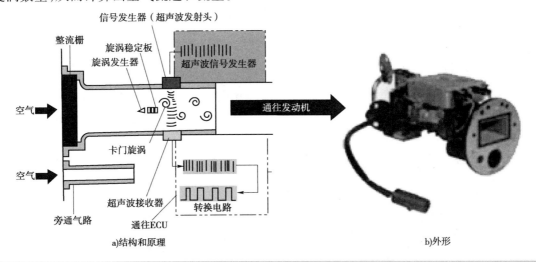

图9-7 超声波式卡门旋涡空气流量计

引导问题4　进气歧管绝对压力传感器的结构及工作原理如何?

在D型进气系统中,发动机控制电脑(ECU)通过进气歧管压力和发动机转速推算发动机进气量。进气歧管压力的测定由进气管绝对压力传感器完成。进气歧管绝对压力传感器种类较多,按其信号产生的原理可分为半导体压敏电阻式和电容式等。

1 半导体压敏电阻式进气歧管绝对压力传感器

半导体压敏电阻式进气歧管绝对压力传感器如图9-8所示,它是利用半导体的压电效应原理制成的,这种传感器是将硅片的周边固定在基座上,再将整体封入一壳体内,并在壳体内形成真空,当通道口与进气管相连接时,进气管内的压力就会使传感器内的膜片产生压力,此时由应变电阻组成的电桥电路就会输出与进气管内压力成比例的电压。由于基准压

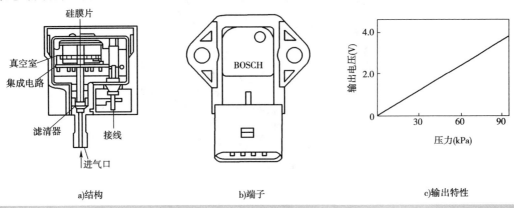

图9-8 半导体压敏电阻式进气歧管绝对压力传感器

力是真空的压力,使用这种压力传感器可以测定出绝对压力。该传感器具有体积小、精度高、成本低和可靠性、抗振性好等特点,在现代汽车上得到了广泛应用。

由于压力传感器结构和测量原理的要求,压力传感器安装在振动较小的车身处,用一根橡胶管作为取气管与进气总管相连。

2 电容式进气歧管绝对压力传感器

电容式进气歧管绝对压力传感器的结构如图9-9所示,位于传感器壳体内腔的弹性膜片用金属制成,弹性膜片上、下2个凹玻璃的表面也均有金属涂层,这样在弹性膜片的2个金属涂层之间形成2个串联的电容。

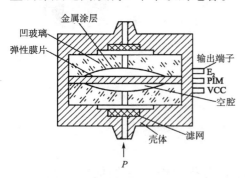

图9-9 电容式进气歧管绝对压力传感器

发动机工作时,进气管内的空气压力作用于弹性膜片上,使弹性膜片产生位移,弹性膜片与2个金属涂层之间的距离发生变化,一个距离减小,而另一个距离增大,在弹性膜片与2个金属涂层之间形成的2个电容的电容量也是一个增加,另一个减小。电容量的变化量与弹性膜片的位移成正比,而弹性膜片的位移取决于上、下2个空腔的气体压力,只要弹性膜片上部的空腔为绝对真空,下部空腔通进气管,则可通过检测电容量的变化来检测进气管的绝对压力。

引导问题5 节气门体的作用及结构如何?

节气门体(图9-10)是调节控制吸入发动机空气的节气门部件,节气门体主要由节气门、用于检测节气门开闭状态的节气门位置传感器、节气门定位电位计、节气门定位器(电动机)、节气门电位片和怠速开关等组成。汽车在正常行驶时,空气流量由节气门控制,而节气门则是驾驶人通过加速踏板操纵。

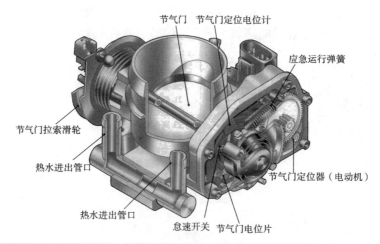

图9-10 节气门体

引导问题6 进气歧管的作用及结构如何？

进气歧管的作用是将空气或可燃混合气引入汽缸，并保证进气充分及各缸进气量均匀一致，其结构如图9-11所示。进气歧管多用铝合金或铸铁制造，有些也采用复合塑料制作。有些乘用车进气歧管前还设有稳压箱（又称共鸣腔、谐振腔），稳压箱的功用是消除进气压力脉动，保证各缸混合气分配均匀。

引导问题7 什么是可变进气系统？其工作原理如何？

可变进气系统可根据发动机的转速变化来改变进气系统进气量，以提高进气效率，增加发动机的动力输出。通常采用改变进气歧管的长度和进气歧管截面积的方法来改变发动机在各转速下的进气量。

1 可变进气歧管长度的可变进气系统

可变进气歧管长度的可变进气系统结构如图9-12所示，其工作原理如图9-13所示。

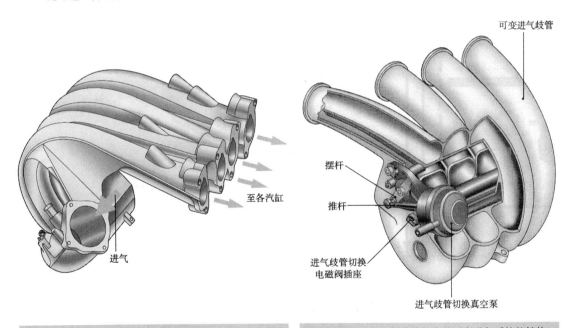

图9-11 进气歧管的结构　　　图9-12 可变进气歧管长度的可变进气系统的结构

发动机在低转速时，进气控制阀门关闭，气流需经过较长的进气歧管进入汽缸，这样可利用进气的流动惯性来提高进气效率，使发动机在低转速下获得较大的转矩；而在高转速时，则是通过打开控制阀门来减小进气阻力，气流经过较短的进气歧管进入汽缸，从而提高进气效率，可获得较高的最大输出功率。

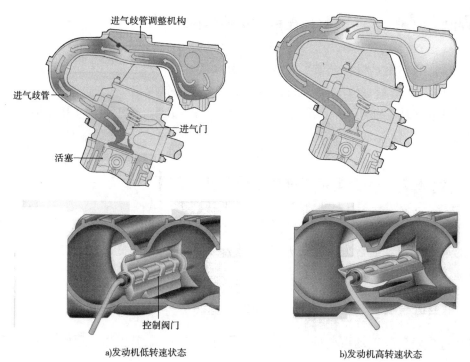

图9-13 可变进气歧管长度的可变进气系统的工作原理

2 可变进气歧管截面积的可变进气系统

可变进气歧管截面积的可变进气系统的结构和工作原理如图9-14所示。

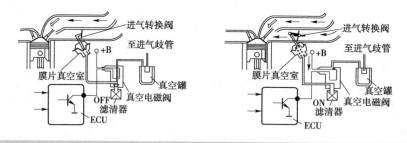

图9-14 可变进气歧管截面积的可变进气系统的结构和工作原理

引导问题8 什么是废气涡轮增压系统？其工作原理如何？

废气涡轮增压是指利用发动机排出的高温高压废气能量，驱动涡轮作高速旋转，带动同轴上的压气机，对燃烧所需的空气进行预压缩，这样，在发动机排量和转速不变的情况下，增加了流入发动机的空气量，提高了进气效率，因而可提高发动机的功率。

可调叶片式涡轮增压系统如图9-15所示，它包括同轴的涡轮与压气机叶轮。涡轮与压气机叶轮上有很多叶片,从汽缸排出的废气直接进入涡轮,并推动涡轮旋转,带动压气机叶轮旋转,把吸入的空气增压,送入汽缸。由于利用高温废气进行增压,涡轮增压器温度较高,经压缩的空气也温度较高,使进气密度减少,对提高进气效率不利,因此,需要在压缩空气出口到进气歧管之间安装冷却器(中冷器),冷却压缩空气,提高压缩空气的密度。

可调叶片式涡轮增压系统能够在发动机整个范围内调整进气增压的压力。当发动机转速低时,叶片开度减少,减少废气流通截面,使废气流速增加,提高废气涡轮转速,增加进气压力;当发动机转速高时,叶片开度增

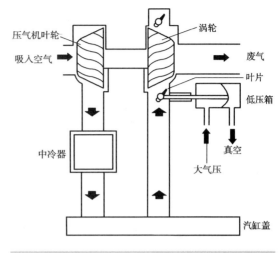

图9-15 可调叶片式涡轮增压系统

大,增加废气流通截面,使废气流速降低,维持废气涡轮转速在正常范围内,保证进气压力的稳定。

引导问题9 空气滤清器的更换周期如何?

车辆每行驶10000km应检查一次空气滤清器,必要时进行更换。车型不同,空气滤清器的更换周期也不同,更换空气滤清器时应根据车辆说明书上的更换周期进行更换,见表9-1。

常见发动机的空气滤清器的更换周期　　　　　表9-1

发动机型号	更换周期(km)
卡罗拉1RZ	40000
科鲁兹LDE或LLU	20000
桑塔纳2000GSi乘用车AJR	15000

二、实施作业

引导问题10 作业需要哪些工具、设备和材料?

(1)组合工具、螺丝刀、钳子、扭力扳手和智能检测仪。
(2)磁力护裙(图1-15)、转向盘护套、变速杆手柄套、脚垫和座椅套。
(3)举升机、卡罗拉(1.6L)乘用车(图1-16)。
(4)卡罗拉(1.6L)乘用车空气滤清器。
(5)卡罗拉(1.6L)乘用车维修手册。

引导问题 11　作业前的准备工作有哪些?

(1) 汽车进入工位前,将工位清理干净,准备好相关的器材。
(2) 将汽车停驻在举升机中央位置。
(3) 拉紧驻车制动器操纵杆,并将变速杆置于空挡或驻车挡(P位)位置,如图 1-17 所示。
(4) 套上转向盘护套、变速杆手柄套和座椅套,铺设脚垫,如图 1-18 所示。
(5) 在车内拉动发动机舱盖手柄,在车外打开并支撑发动机舱盖,如图 1-19 所示。
(6) 粘贴翼子板和前格栅磁力护裙,如图 1-20 所示。

引导问题 12　如何就车检查进气系统?

检查并确认图 9-16 所示位置没有吸气。

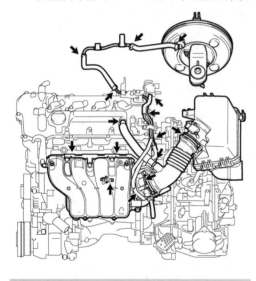

图 9-16　检查进气系统(车上检查)

引导问题 13　如何检查和更换空气滤清器?

拆卸空气滤清器相关部件的分解图如图 9-17 所示。

1　空气滤清器的拆卸

(1) 拆卸 2 号汽缸盖罩。
(2) 拆卸空气滤清器盖分总成。
① 断开质量空气流量计插接器。
② 如图 9-18 所示,断开 2 个卡夹。
③ 如图 9-19 所示,断开箍带和通风软管,并拆下空气滤清器盖分总成,断开箍带和空气滤清器软管。
(3) 拆卸空气滤清器壳分总成。如图 9-20 所示,从空气滤清器上分离空气滤清器滤芯,将线束卡夹从空气滤清器壳上断开,从空气滤清器壳上拆下 3 个螺栓。

2　安装空气滤清器

(1) 安装空气滤清器壳分总成。使用 3 个螺栓安装空气滤清器壳(图 9-20),拧紧力矩:7.0N·m;将线束卡夹连接至空气滤清器壳;安装空气滤清器滤芯。
(2) 安装空气滤清器盖分总成。
① 用箍带连接通风软管。用箍带连接空气滤清器软管(图 9-19);安装空气滤清器盖分总成;用箍带连接通风软管。
② 连接 2 个卡夹,连接质量空气流量计插接器(图 9-18)。

学习任务九　空气滤清器的清洁和更换

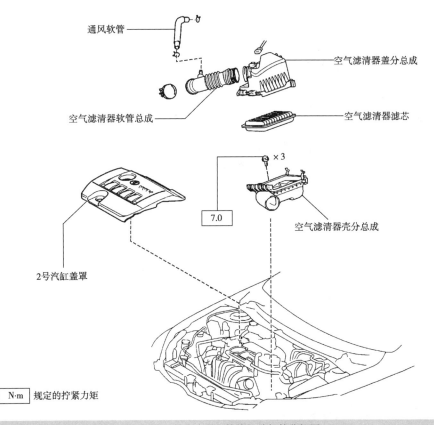

图9-17　拆装空气滤清器和软管相关部件分解图

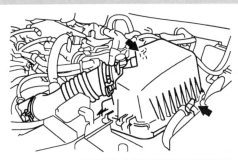

图9-18　空气滤清器和软管的拆卸（1）

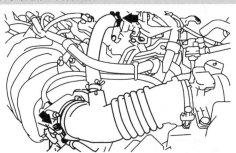

图9-19　空气滤清器和软管的拆卸（2）

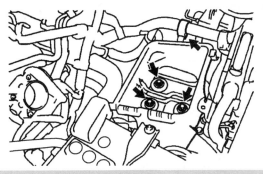

图9-20　空气滤清器和软管的拆卸（3）

(3)安装2号汽缸盖罩。

引导问题14 如何就车检查节气门体总成?

1 检查节气门控制电动机

将点火开关置于ON位置,踩下加速踏板时,检查电动机是否有异常声音。确保电动机没有摩擦噪声。如果有摩擦噪声,则更换节气门体。

2 检查节气门位置传感器

可通过智能检测仪对节气门位置传感器进行检查,具体过程如下:
(1)将智能检测仪连接到诊断接器(DLC3)。
(2)将点火开关置于ON位置并开启检测仪。
(3)选择以下菜单项:Powertrain/Engine and ECT/Data List/Throttle Position。
(4)节气门全开时,检查并确认"Throttle Position"值在规定范围内。标准节气门开度百分比:60%或更高。

> 检查标准节气门开度百分比时,变速杆应在N位置,如果百分比小于60%,则更换节气门体。

三、评价与反馈

(1)对本学习任务进行评价,见表9-2。

评 分 表　　　　　　　　　　　　　表9-2

考核项目	评分标准	分数	学生自评	小组评价	教师评价	小计
团队合作	是否协调	5				
活动参与	是否积极主动	5				
安全生产	有无安全隐患	10				
现场5S	是否做到	10				
任务方案	是否正确、合理	15				
操作过程	检查进气系统泄漏情况; 检查、更换空气滤清器; 检查节气门体	30				
任务完成情况	是否圆满完成	5				
工具和设备使用	是否规范、标准	10				

续上表

考核项目	评分标准	分数	学生自评	小组评价	教师评价	小计
劳动纪律	是否能严格遵守	5				
工单填写	是否完整、规范	5				
	总分	100				
教师签名：			年　月　日		得分	

(2)在实施作业时每一个安全事项都注意到了吗？如果没有，找出忽略的地方和原因。

(3)能否向车主解释更换空气滤清器的过程？如果不能，分析原因并提出改进措施。

四、学 习 拓 展

(1)查阅资料，说明科鲁兹(1.6L)乘用车与卡罗拉(1.6L)乘用车进气系统在结构和布置形式上有哪些不同。

(2)查阅资料，说明帕萨特(1.8T)乘用车废气涡轮增压系统的结构及工作原理。

学习任务十

燃油滤清器的更换

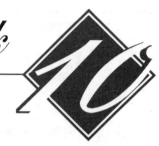

学习目标

完成本学习任务后,你应当能:
1. 叙述燃油供给系统的组成、工作原理及各部件的功用;
2. 明确汽油环保和安全措施;
3. 明确燃油滤清器的更换周期;
4. 正确地使用工具和设备;
5. 正确释放燃油系统压力;
6. 规范地更换燃油滤清器。

 建议完成本学习任务的时间为 **6 课时**。

 学习任务描述

一辆卡罗拉(1.6L)乘用车,行驶 80000km 到维修站维修,要求维修人员按照"维护标准和要求"更换燃油滤清器及对燃油系统进行检查。

学习任务十 燃油滤清器的更换

 学习内容

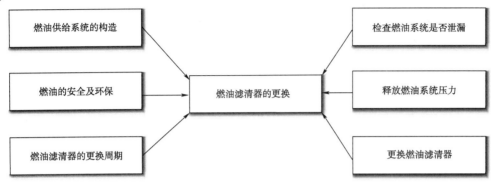

一、资料收集

引导问题 1 燃油供给系统的功用、组成及工作过程如何？

燃油供给系统的作用是供给发动机燃烧过程所需的燃油。燃油供给系统的结构如图 10-1 所示，主要由燃油泵、燃油滤清器、油压脉动阻尼器、燃油压力调节器和喷油器等组成。

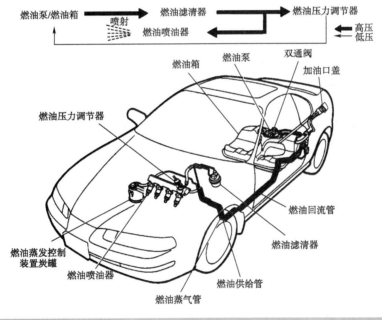

图 10-1 燃油供给系统

燃油从燃油箱中被燃油泵吸出，先由燃油滤清器将杂质滤除后再通过输油管送到各个喷油器。喷油器则根据 ECU 发出的指令，将计量后的燃油喷入各进气歧管并与流入发动机

199

内的空气进行混合,形成可燃混合气。利用燃油压力调节器可将喷油压力控制在一定的范围内,发动机在正常工况的喷油量只取决于各喷油器通电时间的长短,而多余的燃油从燃油压力调节器经回油管送回燃油箱。

引导问题2　燃油箱的功用和结构如何?

燃油箱(图10-2)是用来储存燃油的,其容积大小与车型和发动机排量有关,其形状随车型不同而异,这主要是为了适应在车上的布置和安装。

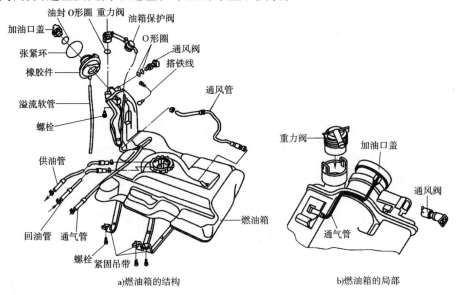

a) 燃油箱的结构　　　　　　　　b) 燃油箱的局部

图10-2　带附件的燃油箱

挥发性好的汽油在燃油箱内挥发,直接将挥发的汽油蒸气排到大气中会污染环境,为此设置了燃油箱蒸发排放控制装置(图10-3),将活性炭罐与燃油箱相连接,挥发的汽油蒸气被吸附在活性炭上。发动机工作时,活性炭罐电磁阀通电打开,被吸附在活性炭上的汽油蒸气即可被吸入汽缸并燃烧。

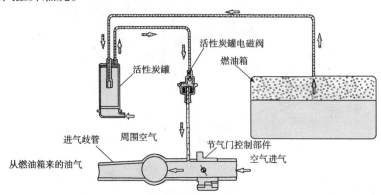

图10-3　燃油箱蒸发排放控制装置

引导问题3 电动燃油泵的功用和结构如何？

电动燃油泵的作用是把燃油从油箱内吸出并通过喷油器供给发动机各汽缸。

现在车上的燃油泵多安装在燃油箱内（内置式燃油泵），内置式燃油泵不易发生气阻和漏油现象。内置式燃油泵主要有叶片式和滚柱式两种。

1 叶片式电动燃油泵

叶片式电动燃油泵的结构和工作原理如图10-4所示。叶轮是一个圆平板，在平板的圆周上加工有小槽，形成泵油叶片。当叶轮旋转时，圆周上小槽内的燃油随同叶轮一同高速旋转。由于离心力的作用，使出油口处压力增高，而在进油口处产生真空，从而使燃油在进油口处被吸入，在出油口处被排出，这样周而复始地完成燃油的输送。叶片式电动燃油泵运转噪声小，油压脉动小，泵油压力高，叶片磨损小，使用寿命长。

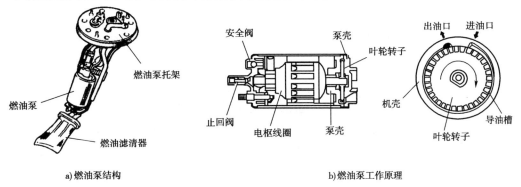

a) 燃油泵结构　　　　　　　　　b) 燃油泵工作原理

图10-4　叶片式电动燃油泵

2 滚柱式电动燃油泵

滚柱式电动燃油泵的结构和工作原理如图10-5所示。转子偏心地安装在泵体内，滚柱装在转子的凹槽中。在永磁电动机的驱动下，当转子旋转时，滚柱在离心力的作用下紧压在泵体的内表面上，同时在惯性力的作用下，滚柱总是与转子凹槽的一个侧面贴紧，从而形成若干个封闭的工作腔。

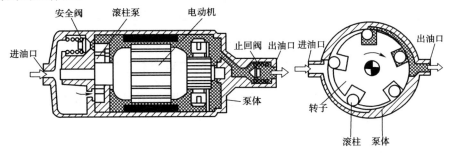

图10-5　滚柱式电动燃油泵

在燃油泵工作过程中,进油口一侧的工作腔容积增大,成为低压吸油腔,燃油经进油口被吸入工作腔内。在出油口一侧的工作腔容积减小,成为高压压油腔,高压燃油从压油腔经出油口流出。油泵转子每转一圈,其排出的燃油就要产生与滚柱数目相同的压力脉动,故在出口处装有油压缓冲器,以减小出口处的油压脉动和运转噪声。

止回阀的作用主要用于防止燃油倒流,并可保持管路残余压力,以便发动机下次容易起动,并可防止由于温度较高时,油路产生气阻现象。若油泵输出压力超过400kPa时,安全阀会自动打开,高压燃油可回至油泵的进油室,并在油泵和电动机内循环,以此可避免由于油路堵塞而引起管路油压过高造成管路破裂或燃油泵损坏等现象。

引导问题4　燃油滤清器的功用、结构及更换周期如何?

燃油滤清器(图10-6)可清除燃油中的杂质,防止堵塞喷油器等部件,减少运动部件的磨损。

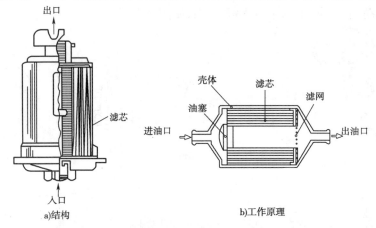

图10-6　燃油滤清器

燃油滤清器一般采用纸滤芯,燃油滤清器的滤芯应根据车辆行驶里程、使用的燃油质量情况及时更换,以确保发动机稳定行驶,提高可靠性。不同车型燃油滤清器的更换周期不同,应根据车辆说明书上的更换周期进行更换,常见发动机的燃油滤清器的更换周期见表10-1。

常见发动机的燃油滤清器更换周期　　　　表10-1

发动机型号	更换周期(km)
卡罗拉1RZ	80000
科鲁兹LDE或LLU	20000
桑塔纳2000GSi乘用车AJR	60000

引导问题5　燃油分配管和燃油压力调节器的功用及结构如何?

1　燃油分配管

燃油分配管的功用是将燃油均匀、等压地输送给各缸喷油器。由于它的容积较大,故有储油蓄压、减缓油压脉动的作用。燃油分配管的结构如图 10-7 所示,在其上装有油压调节器。

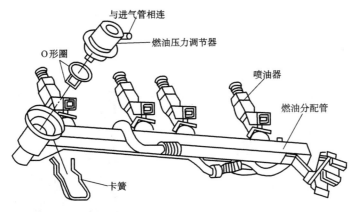

图 10-7 燃油分配管

2 燃油压力调节器

燃油压力调节器的作用是调节燃油供给系统油压,保持系统压差(燃油压力与进气歧管压力)或压力恒定。压力调节器根据安装位置的不同,可分为外置式和内置式两种。外置式燃油压力调节器安装在燃油分配管上,内置式燃油压力调节器与燃油泵一起装在油箱里。

(1) 外置式燃油压力调节器。外置式燃油压力调节器的布置及结构如图 10-8 所示,其内部由橡胶膜片分为弹簧室和燃油室两部分。弹簧室内有一个带预紧力的螺旋弹簧,它作用在膜片上。在膜片上安装一个阀,控制回油。另外,还通过一根真空管与进气歧管相连。

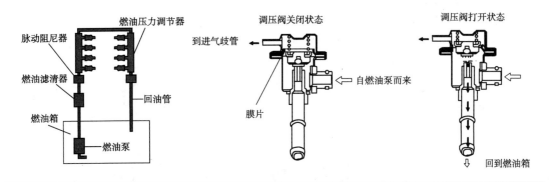

图 10-8 外置式燃油压力调节器

当系统油压超过规定值时,燃油压力克服弹簧压力,将膜片向上压,打开阀门,与回油通道接通,燃油流回燃油箱,系统压力降低,系统油压又回到规定值。

如果进气歧管真空度变大,为了维持燃油分配管内部与进气歧管内部的压力差恒定,就必须降低系统油压。把进气歧管真空度引入弹簧室,能够减少膜片上方螺旋弹簧的作用力,进而减少打开阀门的压力,使系统油压下降到规定值。

当电动燃油泵停止工作时,在膜片和螺旋弹簧力的作用下使阀门关闭,保持油路中的残余压力。

(2)内置式燃油压力调节器。内置式燃油压力调节器的布置及结构如图 10-9 所示,当系统油压超过规定值时,燃油压力便将压力调节器的回油阀打开,一部分燃油经回油阀流回到燃油箱,系统压力降低;当系统油压下降到规定值时,压力调节器的回油阀关闭,以保持系统油压恒定。内置式燃油压力调节器与外置式燃油压力调节器相比不仅缩短了回油管,而且还可以降低燃油的温度,减小发生气阻的可能性。

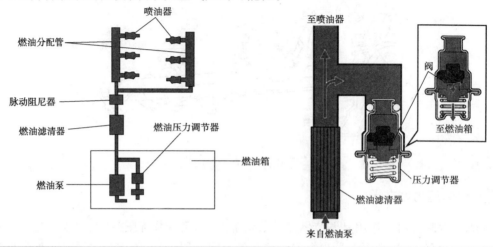

图 10-9 内置式燃油压力调节器

引导问题 6　喷油器的功用和结构如何?

喷油器是发动机电控燃油喷射系统的一个重要执行元件,它接收 ECU 传送来的喷油脉冲信号,准确地计量燃油喷射量,同时,将燃油喷射后雾化。

轴针式电磁喷油器的结构如图 10-10 所示,主要由轴针、针阀、衔铁、复位弹簧及电磁线

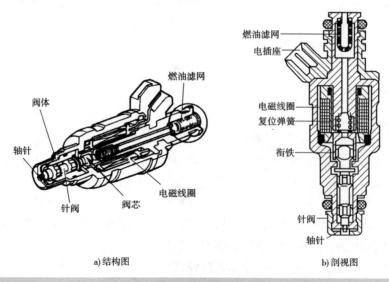

a) 结构图　　　b) 剖视图

图 10-10 轴针式电磁喷油器

圈等组成。针阀与衔铁制成整体结构,针阀上端安装一复位弹簧。当电磁喷油器停止工作时,弹簧弹力使针阀复位,阀针关闭,轴针压靠在阀座上起到密封作用,防止燃油泄漏。当电磁线圈通电时,电磁吸力使针阀克服复位弹簧的弹力,针阀与轴针上移,阀门打开,燃油便从喷孔喷出。

引导问题 7 ▶ 汽油如何分类?对汽油的环境保护和安全措施有哪些?

1 汽油的分类

目前,我国市面上的汽车的常用无铅汽油分为 90 号、93 号、97 号等标号,这些标号是按照研究法的辛烷值(RON)的大小来划分的,这种汽油不仅含铅量更低,而且还有少量的清洁油路的添加剂。90 号、93 号、97 号汽油除了抗爆性不同外,其他的性能如清洁性、杂质是一样的,属于同一档次的汽油。辛烷值是汽油的重要指标,汽油的标号越高其辛烷值就越高,汽车发动机的抗爆性就越强。例如 90 号汽油,可以保证在压缩比不大于 9 的发动机上使用不产生爆震现象,97 号汽油可以保证在压缩比不大于 9.7 的发动机上使用不产生爆震现象。

随着我国对于环境保护的标准要求的不断提高,近年来一些大城市相继出现了 89 号、92 号和 95 号的新汽油标号,分别替代了之前的 90 号、93 号和 97 号汽油,新的标号的汽油与旧的标号的汽油相比可以有效降低机动车排放污染。

目前除北京、上海、广州、江苏等省市已实施最新的车用汽油标准外,全国其他省市汽油均执行旧的第三阶段标准,预计不久的将来会陆续执行新的车用汽油标准。

2 汽油的环境保护

(1)汽油是对水有污染的物质,不能让汽油流入下水道,作业时只能在防渗的地面上进行。

(2)汽油非常易燃,会引起火灾和爆炸,进行接触汽油的工作时,必须禁止明火和吸烟,汽油存放必须远离火源。

(3)有汽油溢出时,必须立即用吸附剂进行处理。

(4)用合适的容器收集污染过的汽油和汽油滤清器,并妥善保管和回收利用。

(5)沾上汽油的抹布或物品,不得作为生活垃圾处理。

3 安全措施

(1)汽油会刺激人的皮肤,可以致癌。应避免使汽油接触到皮肤、眼睛或衣服。

(2)沾上汽油的衣服或鞋,必须立即更换。

(3)皮肤接触到汽油后,立即用水和肥皂清洗。

(4)汽油溅入眼睛后,用水彻底冲洗。

(5)汽油蒸气吸入体内后,多呼吸新鲜空气,出现呼吸困难时应尽快去医院治疗。

(6)吞食汽油后,千万不要催吐,因为液态汽油可能会进入肺部,应立即去医院治疗。

二、实 施 作 业

引导问题 8 ▶ 作业需要哪些工具、设备和材料？

(1)组合工具、螺丝刀、钳子、扭力扳手、汽车专用万用表和智能检测仪。
(2)磁力护裙(图 1-15)、转向盘护套、变速杆手柄套、脚垫和座椅套。
(3)举升机、卡罗拉(1.6L)乘用车(图 1-16)。
(4)卡罗拉(1.6L)乘用车燃油滤清器。
(5)卡罗拉(1.6L)乘用车维修手册。

引导问题 9 ▶ 作业前的准备工作有哪些？

(1)汽车进入工位前,将工位清理干净,准备好相关的器材。
(2)将汽车停驻在举升机中央位置。
(3)拉紧驻车制动器操纵杆,并将变速杆置于空挡或驻车挡(P 位)位置,如图 1-17 所示。
(4)套上转向盘护套、变速杆手柄套和座椅套,铺设脚垫,如图 1-18 所示。
(5)在车内拉动发动机舱盖手柄,在车外打开并支撑发动机舱盖,如图 1-19 所示。
(6)粘贴翼子板和前格栅磁力护裙,如图 1-20 所示。

引导问题 10 ▶ 如何检查燃油泵工作情况和燃油系统是否泄漏？

可以通过智能检测仪驱动电动燃油泵来检查燃油泵的工作情况,具体步骤如下:
(1)将智能检测仪连接到 DLC3。
(2)将点火开关置于 ON 位置,并接通智能检测仪的主开关。

> 不要起动发动机。

(3)选择以下菜单:Powertrain/Engine/Active Test/Control the Fuel Pump/Speed。
(4)从燃油管路中检查燃油进油管中的压力。检查并确认能听到燃油泵在燃油箱运转的声音。如果听不到声音,则检查集成继电器、燃油泵、ECM 和配线插接器。
(5)当听到燃油泵运转声音后,检查燃油是否泄漏。如果燃油泄漏,必要时维修或更换零件。
(6)将点火开关置于 OFF 位置。
(7)从 DLC3 上断开智能检测仪。

学习任务十　燃油滤清器的更换

引导问题 11　如何释放燃油系统压力？

拆下任何燃油系统零件之前,应该先释放燃油系统的压力,以防止燃油系统的压力油喷出。具体的操作过程如下：

（1）拆下后排座椅坐垫总成。
（2）拆下后地板检修孔盖。
（3）从燃油泵总成上断开线束插接器。
（4）起动发动机直到发动机自动停止运转,将点火开关置于 OFF 位置。
（5）再次起动发动机,确认发动机不能起动。
（6）拆下燃油箱盖并释放燃油箱中的压力。
（7）从蓄电池负极端子上断开电缆。
（8）连接燃油泵总成线束插接器。

引导问题 12　如何更换燃油滤清器？

拆卸燃油滤清器相关部件的分解图如图 10-11 ~ 图 10-13 所示。

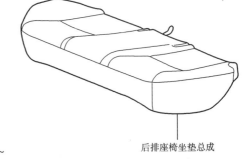

图 10-11　燃油滤清器相关部件的分解图(1)

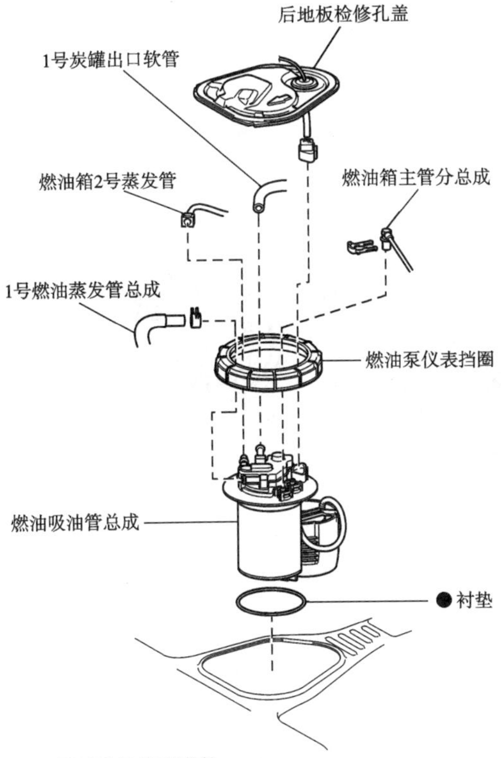

1 拆卸燃油滤清器

（1）拆卸后排座椅坐垫总成。

①将坐垫的 2 个前挂钩从车身上脱开。先选择一个挂钩并脱开,如图 10-14 所示将双手放在挂钩附近,然后抬起坐垫以使挂钩分离;用同样的方法脱开另一挂钩。

②将坐垫的 2 个后挂钩与靠背分离。

③拆下坐垫。

（2）拆卸后地板检修孔盖。如图 10-15 所示,拆下后地板检修孔盖,将线束插接器从燃油吸油管总成上断开。

（3）燃油系统卸压。起动发动机,在发动机自动停止后,将点火开关置于 OFF 位置;再次起动发动机,确认发动机不能起动;拆下燃油箱盖并释放燃油箱中的压力。

（4）从蓄电池负极端子上断开电缆。

（5）断开燃油箱主管分总成。如图 10-16 所示,拆下油管接头卡子,然后从燃油吸油管总成的螺塞上拉出燃油管接头。

图 10-12　燃油滤清器相关部件的分解图(2)

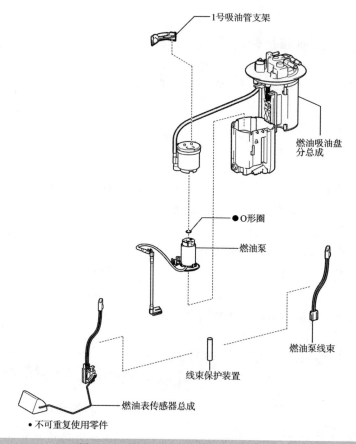

图10-13 燃油滤清器相关部件的分解图(3)

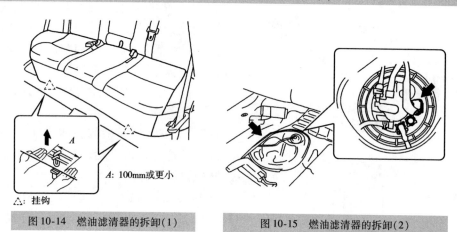

图10-14 燃油滤清器的拆卸(1)　　图10-15 燃油滤清器的拆卸(2)

必须防止污垢或灰尘进入接头,如果污垢或灰尘进入接头,O形圈可能密封不良;仅用手断开接头,不要使尼龙管弯曲、打结或扭曲,盖上塑料袋以保护接头。

（6）断开1号燃油蒸发管分总成。如图10-17所示，松开卡子，并从燃油吸油管总成上拆下1号燃油蒸发管分总成。

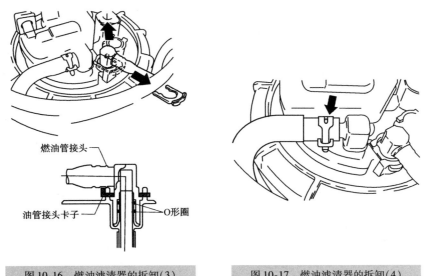

图10-16 燃油滤清器的拆卸(3)　　　图10-17 燃油滤清器的拆卸(4)

（7）断开1号炭罐出口软管。如图10-18所示，将1号炭罐出口软管从燃油吸油管总成上断开。

（8）断开燃油箱2号蒸发管。如图10-19所示，松开挡圈，并将燃油箱2号蒸发管从燃油吸油管总成上断开。

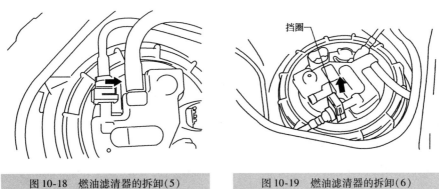

图10-18 燃油滤清器的拆卸(5)　　　图10-19 燃油滤清器的拆卸(6)

（9）拆卸燃油泵挡圈。如图10-20所示，用6mm六角套筒扳手，将SST安装到燃油泵挡圈上，将SST槽口插入燃油泵挡圈肋片；使SST松开燃油泵挡圈；用手固定燃油吸油管总成，以拆下燃油泵挡圈。

（10）拆卸燃油吸油管总成。如图10-21所示，将燃油吸油管总成从燃油箱上拆下，确保燃油表传感器臂没有弯曲，从燃油箱上拆下衬垫。

（11）拆卸燃油表传感器总成。如图10-22所示，断开燃油表传感器总成线束插接器，从线束上拆下线束保护装置，断开3个线束卡夹，松开锁止，并滑动燃油表传感器总成以将其拆下。

（12）拆卸燃油泵。

①如图10-23所示，断开燃油泵线束插接器，断开2个线束卡夹。

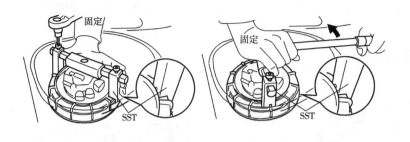

图 10-20 燃油滤清器的拆卸(7)

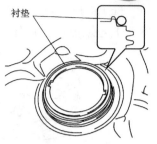

图 10-21 燃油滤清器的拆卸(8)

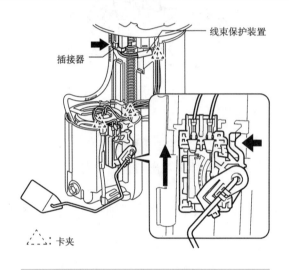

图 10-22 燃油滤清器的拆卸(9)

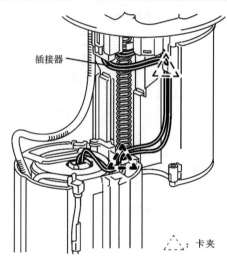

图 10-23 燃油滤清器的拆卸(10)

②如图 10-24 所示,断开燃油泵滤清器软管。

③如图 10-25 所示,用头部缠有保护胶带的螺丝刀脱开 2 个卡爪,并从副燃油箱上拆下燃油滤清器和燃油泵。

④如图 10-26 所示,用头部缠有保护胶带的螺丝刀脱开 2 个卡爪,并拆下 1 号吸油管支架。

⑤如图 10-27 所示,用头部缠有保护胶带的螺丝刀脱开 5 个卡爪,并从燃油滤清器上拆下燃油泵滤清器和燃油泵。

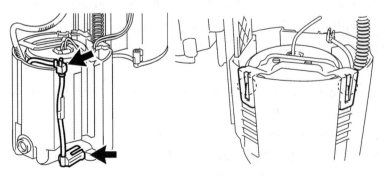

图 10-24 燃油滤清器的拆卸(11)　　图 10-25 燃油滤清器的拆卸(12)

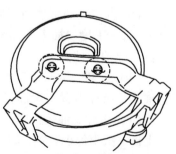

图 10-26 燃油滤清器的拆卸(13)

学习任务十 燃油滤清器的更换

不要损坏燃油泵滤清器;不要拆下燃油泵滤清器,如果已从燃油泵上拆下燃油泵滤清器,则不能再使用燃油泵或燃油泵滤清器;不要断开主燃油管。

⑥如图 10-28 所示,断开燃油泵线束。
⑦如图 10-29 所示,拆下 O 形圈。

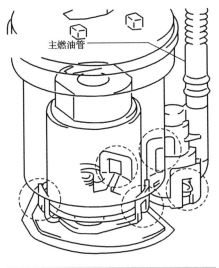
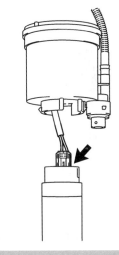

图 10-27 燃油滤清器的拆卸(14)　　图 10-28 燃油滤清器的拆卸(15)

(13)拆卸燃油压力调节器总成。
①如图 10-30 所示,用头部缠有保护胶带的螺丝刀拆下燃油压力调节器总成。

缓慢拉出燃油压力调节器总成,因为 O 形圈牢固地安装在调节器和燃油滤清器之间;燃油滤清器需要更换时,将其作为燃油吸油盘分总成更换。

②如图 10-31 所示,从压力调节器总成上拆下 2 个 O 形圈。

2 燃油滤清器安装

(1)安装燃油压力调节器总成。
①在 2 个新 O 形圈上涂抹汽油,然后将它们安装到燃油压力调节器总成上,如图 10-31 所示。
②安装燃油压力调节器总成。
(2)安装燃油泵。
①如图 10-32 所示,在新 O 形圈上涂抹汽油,然后将其安装到燃油滤清器上。不要拆解

燃油泵和吸油滤清器,因为它们是不可重复使用零件。

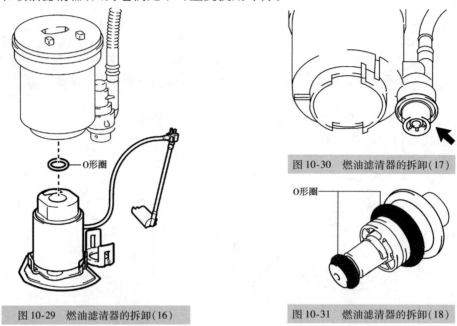

图10-29 燃油滤清器的拆卸(16)

图10-30 燃油滤清器的拆卸(17)

图10-31 燃油滤清器的拆卸(18)

②连接燃油泵线束,如图10-28所示。

③接合5个燃油泵卡爪,如图10-27所示。

④接合1号吸油管支架的2个卡爪,如图10-26所示。

⑤接合吸油管支架的2个卡爪,并将燃油滤清器和燃油泵安装到副燃油箱上,如图10-25所示。

⑥将燃油泵滤清器软管槽对准副燃油箱的切口并安装软管,如图10-24所示。

⑦连接燃油泵线束插接器,连接2个线束卡夹,如图10-23所示。

(3)燃油表传感器的安装。

①安装燃油表传感器总成,如图10-22所示。向下滑动以安装燃油表传感器总成;连接3个线束卡夹;安装线束保护装置;连接燃油表传感器。

②检查燃油泵仪表挡圈的配合。在燃油吸油管总成断开时,将燃油泵仪表挡圈手动安装至燃油箱。如果能用手转动燃油泵仪表挡圈180°或更多,可重复使用挡圈。如果不能用手转动燃油泵仪表挡圈180°或更多,使用新燃油泵仪表挡圈零件。

(4)安装燃油吸油管总成。

①将新衬垫安装到燃油箱上(图10-21),将燃油吸油管固定到燃油箱上,确保燃油表传感器臂没有弯曲。

②如图10-33所示,将燃油吸油管凸出部分对准燃油箱槽口。

③如图10-34所示,用手固定燃油吸油管总成以防止其倾斜,将燃油泵挡圈和燃油箱上的开始标记对准,并用手拧紧燃油泵挡圈。

④如图10-35所示,用6mm六角套筒扳手,将SST安装到燃油泵挡圈上。从燃油箱上的开始标记紧固燃油泵挡圈约450°,使挡圈上的开始标记落在图10-35所示的范围内。

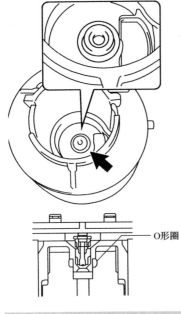

图10-32 燃油滤清器的安装(1)

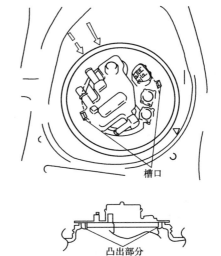

图10-33 燃油滤清器的安装(2)

(5)连接燃油箱2号蒸发管,如图10-19所示。
(6)连接1号炭罐出口软管,如图10-18所示。
(7)连接1号燃油蒸发管分总成,如图10-17所示。
(8)连接燃油箱主管分总成,如图10-16所示。将燃油管接头推入燃油吸油盘的螺塞里,然后安装油管接头卡子,连接燃油泵线束插接器。
(9)将电缆连接到蓄电池负极端子上。
(10)检查燃油是否泄漏。
(11)安装后地板检修孔盖,如图10-15所示。
(12)安装后排座椅坐垫总成。

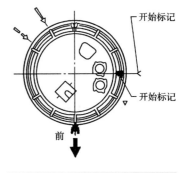

图10-34 燃油滤清器的安装(3)

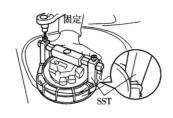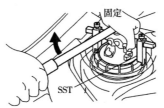

图10-35 燃油滤清器的安装(4)

三、评价与反馈

(1)对本学习任务进行评价,见表10-2。

评 分 表　　　　　　　　　　　表 10-2

考核项目	评分标准	分数	学生自评	小组评价	教师评价	小计
团队合作	是否协调	5				
活动参与	是否积极主动	5				
安全生产	有无安全隐患	10				
现场5S	是否做到	10				
任务方案	是否正确、合理	15				
操作过程	检查燃油系统是否泄漏；释放燃油压力；更换燃油滤清器	30				
任务完成情况	是否圆满完成	5				
工具和设备使用	是否规范、标准	10				
劳动纪律	是否能严格遵守	5				
工单填写	是否完整、规范	5				
	总分	100				
教师签名：			年　月　日		得分	

（2）在实施作业时每一个安全事项都注意到了吗？如果没有，找出忽略的地方和原因。

（3）能否向车主解释更换燃油滤清器的过程？如果不能，分析原因并提出改进措施。

四、学习拓展

（1）查阅资料，说明科鲁兹（1.6L）乘用车与卡罗拉（1.6L）乘用车燃油供给系统在结构和布置形式上有哪些不同。

（2）查阅资料，说明如何检查燃油供给系统的供油压力。

参 考 文 献

[1] 田有为,黄艳玲.汽车发动机机械系统检测与修复[M].北京:机械工业出版社,2010.
[2] 王丽梅.汽车发动机构造与维修[M].北京:中国人民大学出版社,2009.
[3] 张西振,韩梅.汽车发动机构造与维修[M].北京:机械工业出版社,2007.
[4] 王德平,王健,石光成.汽车维护[M].北京:人民交通出版社,2011.
[5] 朱军.汽车发动机常见维修项目实训教材[M].北京:人民交通出版社,2009.
[6] 刘建平.汽车发动机机械维修工作页[M].北京:人民交通出版社,2007.
[7] 武华.汽车发动机构造与拆装工作页[M].北京:人民交通出版社,2007.
[8] 袁亮,雷春国.汽车发动机维修[M].北京:人民交通出版社,2011.
[9] 陈瑜,雍朝康.汽车发动机构造与拆装[M].北京:人民交通出版社,2011.
[10] 明光星,杨洪庆,王彦光.二手车鉴定与评估[M].北京:中国人民大学出版社,2010.